# 伝統的ラテン語ミサで
# いつ跪き、座り、立つかの
# 理解

---

## ミサでの姿勢についてのエッセイ

---

Richard Friend　著

加藤　肇　訳

# UNDERSTANDING WHEN TO
# KNEEL, SIT AND STAND
# AT A
# TRADITIONAL LATIN MASS

*An Essay on Mass Postures*

# 伝統的ラテン語ミサで
# いつ跪き、座り、立つかの理解

著者　リチャード・フレンド

訳者　加藤肇

発行所　株式会社Stトマス

〒102-0084

東京都千代田区二番町 5-2 麹町駅プラザ 901

電話 03-6869-1727

2016 年 11 月 20 日　初版発行

ISBN978-4-9908645-5-2

# 目次

## 第2版への序文

2013年の California Latin Mass によるオンラインでのこのエッセイの初版の公表、及び Traditional Latin Mass of San Francisco、Canons Regular of the New Jerusalem、最近の Rorate-Caeli のような他のブログによるその後の投稿以来、読者は学んだことへの感謝を伝えてきたばかりでなく、本文及び表中の姿勢の順序における誤植及び誤りも指摘してきた。この改訂版ではこれらの誤植や誤りを訂正した。

単に言及や脚注を付する以上の価値があると信じ、*Orate, Fratres* での姿勢を論議する新しい節も追加した。このきっかけとなったのは、Novus Ordo の *Orate, Fratres* での命じられた姿勢の変更であった。

2010年までは、ローマ典礼の全てのカトリック信徒のための共通の姿勢は、Novus Ordo に参列していても伝統的ラテン語ミサに参列していても、司祭が *Orate, Fratres* を唱える間座ったままでいて、座って応答を朗唱し、その後でのみ立ち上がるというものであった。2012年に米国とカナダの司教区のために改訂・認可されたローマ・ミサ典書（当然、Novus Ordo）の総則の英文は現在では、Novus Ordo に参列している信徒にこの祈祷文のために立ち上がり、立ったままで応答を朗唱するように指示している。*Fratres* の語は現在では適切に、"brethren"の代わりに"Brothers and sisters"とすることもできよう。これが Novus Ordo での不必要に刷新する傾向の証拠に過ぎず、伝統的ラテン語ミサとは何の関係もないと考える向きには、判断を差し控えて最初に第 VI 節を読むことを忠告したい。これにはあなたが思う以上のものがある。

共同体での姿勢の順序に変化をもたらそうと望む全ての人々への私の忠告は、これに関して司祭に相談することである。このエッセイを全て読んでもらうことは（明らかに挑戦的な要請である）、あなたがこれらの変化をなぜ望むかを理解するための重要な第一歩になる。司祭を納得させることができ、ミサの姿勢に関して信徒を教化する時間をつくるよう司祭を説得することもできる場合には、あなたには変化をもたらす見込みが大いにあるであろう。しかしながら、いかなる理由であろうと変化を説得させることができず、赤い小冊子で示された姿勢から外れることにどういうわけか拒否権を行使する堅固に身を固めたラテン語ミサの「古株達」と衝突するであろうことを警告しておく。単なる平信徒がエッセイで書いたことに従うことと、至るところにある赤い小冊子に明確に示されていることにただ従うことにより潜在的な重大な偏向を避けることのどちらかの選択を仮定すれば、このエッセイを読んだことがないか、この課題にかける時間もエネルギーもない忙しい司祭にとって、決定はかなり簡単である。

　しかしながら、これは落胆させられるような理由ではない。赤い小冊子の読誦ミサと歌ミサのための誤った姿勢に宗教のように従う人々の中でさえも、実に多くの無視がある。私は、赤い小冊子の読誦ミサと歌ミサの間の姿勢の区別に従うことに慣れている伝統的ラテン語ミサのみの属人小教区の長年の教区民でさえも、赤い小冊子の読誦ミサのための姿勢を歌ミサにも当然のこととする人々の多くの例を目撃してきた。この時折の混乱は、多くの伝統的ラテン語ミサの共同体での共通した出来事のように思われる（そして、Novus Ordo では稀である）。

これらのどぎまぎするような誤りは、不健康な群れの精神力を産み、典礼の本質の正しい理解の発展を遅らせる無視の証である。このエッセイをここまで読んだのであれば、あなた自身とあなたの友人を教育し、表面的には無敵に見えるこの典礼の無知の壁を取り壊す助けとなる第一歩を踏み出したことになる。

　最後に、私の以前の「短い」エッセイを読み、力強いコメントをメールする時間を取っていただいた全ての読者に感謝したい[1]。あなたの祈りに Canons Regular of the New Jerusalem、特に、長い間ラテン語ミサの世界で全ての人々に関係するが誰も語らなかったことを語る唯一の声であった、その創始者 Very Rev. Dom Daniel Oppenheimer, CRNJ を加えることを忘れないで下さい。

リチャード・フレンド
2016 年 10 月 1 日

---

[1] 読者は richardfriend62@gmail.com 宛で私にメールすることができる。

# I　前置き

　初めて伝統的なラテン語ミサで手伝うカトリック信徒は、いつ跪き、座り、立つべきかについて多分当惑と混乱を体験するであろう。というのは、伝統的ラテン語ミサで会衆が遵守する姿勢は、彼が慣れているものとは非常に異なっているからである。会衆がミサで本当にするべきことを理解することは、会衆が覚えていることあるいは会衆が現に行っていることから、いつも確定できるとは限らない。必要とされることは、典礼自体の本質を理解し、それに応じてふるまうことである。

　私が大人になって初めて伝統的ラテン語ミサを手伝い始めた時、ミサでの姿勢にすっかり困惑したのを覚えている。会衆は読誦ミサでは姿勢の一つの順序に従い、歌ミサでは異なった順序に従っていた。私はその頃小さい少年であった長男が歌ミサ中に会衆の姿勢が頻繁に変わることをすっかり面白がっていたのを思い出す。その時、私達はいくぶん短い順序に従って、入堂の行列で立ち、階段祈祷で跪き、Gloria で立ち、司祭が座った時に座り、司祭が立った時に再び立ち上がり、書簡と昇階唱とアレルヤで座り、福音書で立ち、英語での書簡で座り、英語での福音書で立ち、説教で座り、クレドで立ち、司祭と一緒に片膝をつき、聖歌隊がクレドを歌う間司祭が座った時に座り、聖歌隊が *Et incarnatus est* 等に達した時に跪き（座っている間はお辞儀をするべきであった）、クレドの残りで再び座り、司祭が立ちあがった時に立ち上がり、奉献で座る、等々で

あった。それより良いものを全く知らなかったので、私は他の会衆が行っていることにただ従ったが、他の会衆が行っていたのは、Coalition in Support of Ecclesia Dei により出版された羅英のミサ小冊子（以下、「赤い小冊子」と呼ぶ）の中で示された姿勢に従うことであった。

時間が経つと、会衆が従っていた姿勢の順序、特に読誦ミサと歌ミサの間の区別を疑問に思い始めた。それは正しいとは思えなかった。しかし、私が探すことのできた全ての本やミサの小冊子、ビデオ、参考文献は、全て赤い小冊子の姿勢をそっくりまねていた。Fortescue/ O'Connell/ Reid の *The Ceremonies of the Roman Rite Described*（第 14 版）及び J.B. O'Connell の *The Celebration of Mass*（第 4 版）を読むまで、赤い小冊子の姿勢に異議を唱えるための権威ある資料を見つけることはできなかった。Fortescue と O'Connell は疑う余地なく、公会議前の時代からの英語圏では、伝統的なローマ典礼に関する最も偉大な専門家の 2 人である。

Fortescue が最初に彼の本を出版したのは 1917 年であった。1919 年に改訂第 2 版を出版した。1923 年の Fortescue の早い死去の後、O'Connell が Fortescue の本の第 3 版を準備することを求められ、32 年間の間に 10 回の改訂を行った。1962 年の O'Connell の *The Ceremonies of the Roman Rote Described* の最後の改訂（第 13 版）は、Alcuin Reid OSB 博士が「1962 年の典礼書に示された要求を満たすために」2003

年に更新して改訂し（第14版）[2]、次いで2009年に教皇ベネディクト16世の*Summorum Pontificum*を考慮して更新するまで（第15版）、手つかずのままで残されていた。Reid自身も、伝統的なローマ典礼に関する現在の一流の権威とみなされている。

他方で、O'Connellは1940年に自身の本を初めて出版し、改訂と更新を4回行い、最後の版は1964年に出版された。O'Connellの不朽の本は、伝統的ラテン語ミサのルブリカと奉仕の仕方を学ぶことを望む司祭及び神学生、侍者の間で持たなければならない本と考えられている。

Fortescue及びO'Connell、Reidは、赤い小冊子の中で示された姿勢とは全く対照的な信徒のミサの姿勢の順序を提示している。

2009年6月に私はカリフォルニア州Silveradoの聖ミカエル修道院でCanons Regular of the New Jerusalemの修院長であるDom Daniel Augustine Oppenheimer, CRNJ師司式の彼らの修道会の創立7周年の荘厳ミサの手伝いをした[3]。

司式者及び助祭・副助祭が祭壇の床に到着し準備の祈祷文を始めた時、私は、修道院の聖歌隊席の最も会衆に近い端に座っ

---

[2] Dario Castrillon Hoyos枢機卿による第14版の序文から。Hoyos枢機卿からのこの声明は、1962年のO'Connellの最後の更新が「1962年の典礼書に示された要求」を完全には反映しておらず、更新を必要としていたことを示している。
[3] このミサ全体の動画は以下で見ることができる。
https://www.youtube.com/playlist?list=PL3D6CC0F4ACFB0850.

ていた Hughes Barbour, O. Praem 神父が、会衆の方に向き
を変え、入祭文を歌い続ける間、聖職者が祭壇の床に到着して
階段祈祷を始めた時でさえも、立ったままでいるよう我々に対
して合図をしたのをはっきりと覚えている。我々はいくぶん困
惑したが、それでもなお応じなかった。後に私が Yorba Linda
のヨハネ・パウロ 2 世センターで Dom Daniel Augustine 司
式のミサの手伝いをした時、以前に聖ミカエル修道院で目にし
たのと同じミサの姿勢を見た。好奇心から、ミサ後にこれにつ
いて Dom Daniel Augustine と話をした。そして、彼の説明
は、ミサの姿勢についてカトリック信徒仲間に啓蒙する私の決
心を強めた。このエッセイはこの決心の実りである。

　たいていの会衆は、1962 年のミサのための公式に定められ
た会衆の姿勢がなかったことを知らない。しかしながら、信徒
が聖体拝領を跪いて舌で受けることを指示する公式なルブリ
カもまたなかった。公式のルブリカがないことは、会衆が従う
標準の姿勢の順序がなかったことを意味しない。それどころか、
聖体拝領を受ける場合と全く同じように、公式なルブリカがな
くとも会衆が理解し従ってきた、伝統から伝えられてきた姿勢
の順序が当然あったものと思われる。我々の課題は、伝統的な
ローマ典礼の専門家の目を通して、この順序が何であったかを
見つけ出すことである。これを成し遂げるために、主として
O'Connell 及び Fortescue、Reid の学説に頼り、そして
O'Connell 及び Fortescue の学説の普遍性を証明するために、

あまり有名ではないが同じように資格のある権威の意見にも
いくらか頼ることになるであろう。

## II ミサでの信徒の姿勢について公式に定められたル
ブリカはなかった。

「伝統的な」ミサ典書のための *ritus servandus* と総則は、
1960 年 7 月 25 日に福者ヨハネ 23 世がローマ典礼の聖務日課
とミサ典書のルブリカの新しい法典を認可しローマ典礼を使
用する全ての者に 1961 年 1 月 1 日の時点から遵守することを
課した自発教令を発した時に、大きく見直された。1962 年に
教皇ヨハネ 23 世はこのミサ典書にいくつかの小さな改訂を行
い、ローマ典礼の特別形式、より一般的には「伝統的ラテン語
ミサ」として今日知られるのは、この改訂されたローマ・ミサ
典書である[4]。

ローマ・ミサ典書の一般指示で会衆のミサの姿勢と動作が明
確に規定されている通常形式ミサ（すなわち「Novus Ordo」）
と違い、1970 年より前には信徒がミサで何をすべきかを述べ
たルブリカはそれまで 1 つしかなかった。これは、読誦ミサで
は福音書の間を除き復活節でさえも何も唱えずに跪くという
ものであった[5]。この明確なルブリカは 1962 年より前に出版

---

[4] 教皇ベネディクト 16 世は 2008 年に 1962 年のミサ典書のユダヤ人
のための聖金曜日の祈祷文を修正した。
[5] 「1962 年より前のミサ典書のルブリカ（*Ruburicæ Generalis
Missalis xvii, 2*）に従い、今はすたれているが、積極的な役割のない

された祭壇用のミサ典書の *Ruburicæ Generalis Missalis* の xvii 章の 2 節に見出され、以下のように書かれている。

"*Circumstantes autem in Missis privatis semper genua flectunt, etiam Tempore Paschali, præterquam dum legitur Evangelium*"（読誦ミサに列席する者は、復活節でさえも、福音書が朗読される間を除いて常に跪いている。） これは、実際に、今日たいていの読誦ミサで慣習として残っている。しかしながら、この明確なルブリカは、有効であった時でさえも、命令のようなものではなく指導的なものに過ぎず、会衆はこれに厳密に従う義務を負っていなかったことを指摘しておかなければならない[6]。

とにかく、この読誦ミサのルブリカは、1962 年の規範版（Novus Ordo のミサ典書より前の第6版そして最後の規範

---

ミサに参列する者は、福音書の際に立ち、奉献とすすぎの間に座るのを除いて跪いているのに慣れていた。」 *The Ceremonies of the Roman Rite Described*, fourteenth edition, p. 230. Fortescue, O'Connell & Reid.

[6] ローマ・ミサ典書の規範版第5版がまだ有効であった 1945 年の著書で、Francis X. Lasance 神父は福音書の朗読の間を除き読誦ミサの間中ずっと信徒に跪くよう指示している第 17 章2節に見出されるルブリカについて言及している。しかしながら、彼は「De Herdt [Vol. I, n. 146] は、このルブリカが命令に基づくものではなく、指導的なものに過ぎないと述べている。」と急ぎ付け加えている。—*The New Missal for Every Day*, p. 86. Francis X. Lasance. さらに早い 1917 年には、Fortescue はこのルブリカについて同じことを述べている。「この規則はいくらかの自然的な自由を享受する教会組織の信徒の場合には厳密に求められないが原則であるように思われる。しかし、それは、侍者や聖職者、聖歌隊席中の他の者のように、より公に手伝いをする者の場合には求められる。」— *The Ceremonies of the Roman Rite Described*, 初版、脚注 2, p. 78. Adrian Fortescue.

版）の前の規範版であるローマ・ミサ典書の規範版第5版（1920 年）を最後に、実際には章（xvii）全てが削除され、ローマ典礼の聖務日課とミサ典書の1961年のルブリカでは出ていない。従って、読誦ミサでは習慣的に跪き何も唱えないでいるこの慣習を抑制することが教会の意向であることは明らかである。

## Ⅲ　会衆は聖歌隊席の聖職者の姿勢に従うよう想定されている。

　Fortescue は、荘厳ミサあるいは歌ミサについても、1961年の一般的なルブリカが信徒のためにいかなる規則も定めていないと述べている。信徒は司式者及び聖職者とともに儀式で積極的な役割を果たすことが想定されているため、ルブリカは可能な限り信徒が、聖歌隊席に列席している時に聖職者に対して規定されている規則に従うことを当然のこととしている[7]。The Celebration of Mass: A Study of the Rubrics of the Roman Missal の中で O'Connell はこれらの規則を以下のように列挙している[8]。

1　司式者と助祭・副助祭が行列で祭壇に来る時、全員か聖歌

---

[7] The Ceremonies of the Roman Rite Described, 第 14 版, p. 230.
[8] The Celebration of Mass: A Study of the Rubrics of the Roman Missal, 第 4 版, pp. 600-602. J. B. O'Connell.　次に続く 1 から 21 番までの規則は、他に表示がある場合を除いて 600 から 602 ページのものをそのまま再現したものである。

隊によって入祭文が歌われる。司式者と助祭・副助祭が祭壇に敬意を表すまで全員立っている。その後、跪く（入祭文を歌っていない場合）。歌っていない者は階段祈祷か他の祈祷文をミサのこの部分に合わせて沈黙の内に唱えるか、あるいは入祭文を聞いて黙想しても良い。

2　灌水式が行われる場合、全員立ち、歌に参加し、聖水を振りかけられる時に自身に十字の印をする。この場合、灌水式が終わるまで入祭文は歌われず、司式者と助祭・副助祭が祭壇に近づく際には適切な行列の聖歌が歌われるかあるいはオルガンが演奏されても良い。

3　司式者と助祭・副助祭が祭壇に上る時、全員立つ。祭壇の献香の間は座って良い。

4　*Kyrie eleison* 及び、司式者が先唱した後に、*Gloria in excelsis*（あるならば）を立ちながら歌う（あるいは聖歌隊と交互に歌う）。これらの歌の間、司式者と助祭・副助祭が座るならば会衆も座って良い。

5　司式者と助祭・副助祭が祭壇に戻るために立ち上がる時、全員立つ。*Et cum spiritu tuo* と集祷文の終わりの *Amen* の応唱を歌う[9]。

6　副助祭（あるいは読師）が書簡を歌う間、座ってよく注意して聞く。聖歌隊が昇階唱及びアレルヤ唱、詠唱、続唱を歌う間も同様である。これらを歌える場合には、立って歌う。

---

[9] 「紫の祭服のたいていのミサと死者ミサでは、集祷文と聖体拝領後の祈祷文では全員跪く」―同、脚注 17, p. 600.

7 福音書の場所への行列が移動し始めた時、助祭が歌う福音書のために全員立ち、*Et cum spiritu tuo* と *Gloria tibi, Domine.* を答え、額と唇と胸の上に小さく十字の印をする。

8 説教では、司式者と助祭・副助祭が座る時に全員座り、説教の終わりに司式者と助祭・副助祭が立つ時に全員立つ。

9 クレドがある場合、司式者の先唱の後で、全てかあるいは聖歌隊と交互に歌う。司式者と助祭・副助祭がクレドを唱える際に *Et incarnatus* の箇所で片膝をつく時、全員は片膝をつく。これらの言葉が歌われる時、立っている者は片膝をつくが、*座っている者はお辞儀をするのみである*[10]。司式者と助祭・副助祭がクレドの間座るならば、全員座って良い。司式者と助祭・副助祭が立ち上がる時、全員立ち上がる。

10 全員 *Et cum spiritu tuo* を歌い、司式者が *Oremus* を歌った後で座る。聖歌隊が歌う奉献の交唱、あるいはラテン語のモテットを聞くか、あるいはこれらを歌う。

11 助祭が聖歌隊席の聖職者の献香のために来る時、全員立つ。香炉係が会衆の献香の前後にお辞儀をする時、会衆は香炉係にお辞儀をし、その後座る。

12 司式者が密唱の結語を歌う時、全員立ち上がる。*Amen* と序唱の導入となる対話の応唱を歌い、序唱を聞く。全員 *Sanctus-Benedictus* を歌い、その後カノンの間中跪いて沈黙

---

[10] 「御降誕の日とお告げの祝日（3月25日）にはこれらの言葉が歌われる際に全員跪く」—同、脚注20, p. 601.

の内に祈る。

13　聖変化の際、全員お辞儀をするが、奉挙の時に聖体とカリスを見上げる。

14　聖変化の後、全員立ち、(*Unde et memores*の祈祷文を唱えている) 司式者とともにいけにえを捧げる。カノンの終わりで全員 *Amen* を歌い、*Pater noster* のために立ち (まだ立っていない場合)、終わりの *Sed libera* 等を歌う。*Amen*、及び *Pax Domini* 等に答える *Et cum spiritu tuo* を歌う。

15　全員 *Agnus Dei* を全部あるいは聖歌隊と交互に歌い、その後沈黙の内に聖体拝領の準備のために跪く。司式者の準備の祈祷文や他の適切な祈祷文を唱えても良い。

16　*Agnus Dei* の後で聖体拝領を受ける者が祭壇に近づく合図として鈴が鳴らされる時、遅れずに祭壇に近づく。そして司式者が聖体を持って会衆の方を向く時、司式者とともに *Domine, non sum dignus* を3回声を出して唱える。

17　聖体拝領を受ける者がいない場合、司式者の聖体拝領の間に聖体拝領の交唱が歌われる。聖体拝領を受ける者がいる場合、聖体拝領の交唱は聖体拝領が行われる間に歌われ、聖体拝領を受ける者が大勢いる時には適切な詩篇を加え、1あるいは2つの詩篇の後に交唱を繰り返すことで延長しても良い。会衆はこれを歌うのに参加する。聖体拝領の交唱が終わった時、全員あるいは聖歌隊がミサのこの部分に相応しいラテン語のモテットを歌うか、オルガンを演奏しても良い (オルガン演奏が

禁じられている日を除く）。

18　聖体拝領の後、聖体拝領を受けなかった者は、すすぎの間と司式者が聖体拝領の交唱を唱える間座って良い。

19　全員 *Dominus vobiscum* のために立ち、応唱と聖体拝領後の祈祷文の終わりの *Amen* を歌う。

20　全員 *Et cum spiritu tuo* をもう一度歌い、助祭が *Ite, missa est* （あるいは *Benedicamus Domino*）を歌った後で *Deo gratias* を歌う。その後祝福のために跪き、*Amen* と答える。

21　最後の福音書で全員立つ。この間、退堂の聖歌が歌われて良いし、オルガンを演奏しても良い（オルガン演奏が禁じられている日を除く）[11]。


　わずかな違いで、他の有名な伝統的なローマ典礼の専門家達は、O'Connell により列挙された上記と同様の規則を示している。*The Ceremonies of the Roman Rite Described* での Fortescue、O'Connell と Reid[12]； *The Fulton J. Sheen Sunday Missal* での Fulton J. Sheen 神父[13]； *The New*

---

[11] Fortescue は最後の福音書が本当は司式者のミサ後の私的な感謝の祈りであり、従って全員がその間立ったままでいて、*Et Verbum caro factum est.*の箇所で司祭と一緒に片膝をつかない方が自然であると述べている。*The Ceremonies of the Roman Rite Described*, 初版, 脚注 1, p. 85.
[12] *The Ceremonies of the Roman Rite Described*, 第 14 版, p. 230-232.
[13] *The Fulton J. Sheen Sunday Missal*, 1961, pp. xliv-xlvi. Fr.

*Missal for Every Day* での Francis X. Lasance 神父[14]；*Rites of the Holy Week* での Frederick McManus 神父[15]；*Manual of Episcoporal Ceremonies* での Aurelius Stehle 神父（54 ページの対比表を参照）[16]。*The Book of Ceremonies* (1956)での Msgr. Laurence J. O'Connell と Rev. Walter J. Schmitz はまた、O'Connell の *The Celebration of Mass* の第 2 版（1956年）の第 1 巻, p. 679 を引用して、「信徒は跪くこと、立つこと、座ること等について可能な限り聖職者に従うべきである」と述べている[17]。従って、この信徒のためのミサの姿勢の順序が、1970 年より前の伝統的なローマ典礼のための認められた規範であったに相違ないと推測することは理にかなっている。これらの専門家達は、今日我々が伝統的ラテン語ミサとして知るミサがラテン典礼のための規範であった公会議前の時代に本を書き、出版していた。

Coalition in Support of Ecclesia Dei により 1990 年 9 月に初めて出版された *Latin-English Booklet Missal for Praying*

---

Fulton J. Sheen.

[14] *The New Missal for Every Day*, 1945 edition, pp. 86-89. 死者ミサと平日のミサについて p.88 で Lasance は他の著者と非常に異なる姿勢の順序を示している。これは第 X 節、39 ページで検討されている。

[15] *Rites of the Holy Week*, Chapter VII, 1956, pp. 112-113. Rev. Frederick mcManus.

[16] *Manual of Episcoporal Ceremonies*, 第 5 版, vol. 1, Ordinary Episcoporal Ceremonies, pp. 13-14. Rt. Rev. Aurelius Stehle.

[17] *The Book of Ceremonies*, 脚注 2, p. 173. Msgr. Laurence J. O'Connell & Rev. Walter J. Schmitz.

*the Traditional Mass* （赤い小冊子）中には、この伝統的な姿勢の順序についての著しい例外が見受けられる。赤い小冊子で示された信徒の姿勢の大部分は、歌ミサについては、Fortescue や O'Connell 等の述べる姿勢と同様である―しかし読誦ミサはそうではない―。しかし、階段祈祷と入祭文のための姿勢を始めとして、著しく異なる箇所がいくつかある。これらの違いを解析していこう[18]。

## IV　荘厳ミサが儀式の規範である。

後世の英国の伝統主義者である Michael Davies[19]によって「この世紀の始めの 30 年間で英語圏の聖職者中でおそらく最も優れた学者[20]」と評された Adrian Fortescue は 1910 年にカ

---

[18] ここでは赤い小冊子が比較の対象であるが、Ecclesia Dei の信徒の姿勢をそっくり写した他の出典がある。すなわち、Roman Catholic Books により出版された the Latin-English Sunday Missal ；Canons Regular of St. John Cantius が製作し、そのサイトで入手できる練習用ビデオ（偶然にも、CRSJC の創設者 C. Frank Phillips, C.R.神父は Coalition in Support of Ecclesia Dei の全国評議会のメンバーである）；　ペテロ会が販売している Baronius Press の *Summorum Pontificum* 版の携行用ミサ典書には、読誦ミサと荘厳ミサの様々な部分のための信徒の姿勢を示す挿絵が含まれており、これらは赤い小冊子と全く同じである。興味深いことに、2007 年 9 月 14 日の荘厳ミサのために EWTN オンラインにより発表されたミサ小冊子は、赤い小冊子の姿勢ではなく O'Connell での姿勢の順序に正確に従っている。
[19] Michael Davies はまた、1992 年から 2004 年まで国際 Una Voce 連盟の会長であった。
[20] *The Wisdom of Adrian Fortescue*, p. 6. Roman Catholic Books, 1999. Michael Davis. 「この世紀」は当然 20 世紀を指している。

トリック百科事典のための記事中で、「この荘厳ミサが[21]規範である。助祭と副助祭を伴う完全な典礼の中でのみ儀式を理解することができる。侍者一人で、一人の司祭によって唱えられる読誦ミサは、荘厳ミサを短縮し、単純化した形式である。読誦ミサの儀式は荘厳ミサを参照することによってのみ説明することができる[22]。」と書いている。従って、公式に定められた姿勢の順序がない中で、会衆は可能な限り荘厳ミサあるいは歌ミサでの聖歌隊中の聖職者の姿勢に従うべきである。公会議前の全ての専門家はこの点で一致している[23]。

　読誦ミサについてはどうであろうか？　O'Connell は以下に同意している。「1958 年の指針[24]はミサでの会衆の式次第を詳細に決定しなかった。一般には、これは聖歌隊席の聖職者のものと同じであり（司教儀式書[25]及びローマ・ミサ典書、ロー

---

[21] 1961 年の一般的なルブリカは歌ミサと荘厳司教ミサを指すために、"High Mass"の代わりに"Solemn Mass"の用語を使用している。

[22] *Liturgy of the Mass*, the Catholic Encyclopedia, 1910. Adrian Fortescue. *The Ceremonies of the Roman Rite Described*, 第 14 版、p. 62 も参照のこと。

[23] Lasance:「ルブリカには指示がない。Gavantus と Pouget は会衆が聖歌隊席にいる者のための規則に従って良いと述べている。」― *The New Missal for Every Day*, p. 87;「一般的に、荘厳ミサあるいは歌ミサに参列する者は、ミサで聖歌隊席に列席する聖職者により遵守される儀式に可能な限り従う。」― *The Fulton J. Sheen Sunday Missal*, p. xlv.

[24] これは 1958 年 9 月 3 日に礼部聖省により出された指針 *De musica sacra et sacra liturgia*（聖なる音楽と聖なる典礼についての指針）を指している。

[25]「この本（司教儀式書 *Caer. Ep.*）は第一に司教のために意図されているが、たいていの儀式での全会衆のための極めて十分な指示が含まれている。そのため、表題と不便な配列にもかかわらず、本当は儀

マ・聖務日課書のルブリカにより規定されている）、会衆に教えられるべきであり（説教壇から、小冊子で、等）、機会がある時に司祭あるいは注釈者により指導されるべきである。」[26] さらに彼は「（a）荘厳ミサと（b）読誦ミサでの会衆の式次第のための参照すべき指示が典礼書のルブリカ及び1958年の指針、様々な聖職階層の指示、認められた著者の学説に基づく」ことを明らかにした[27]。

　荘厳ミサがローマ典礼のための儀式の規範であるため、読誦ミサでの会衆は荘厳ミサでの会衆の姿勢に従うべきであるということになり、これは司教儀式書及びローマ・ミサ典書と聖務日課書、様々な聖職階層と認められた著者の指示による聖歌隊席の聖職者の姿勢に基づく。これは赤い小冊子での指示とは対照的である。赤い小冊子は、読誦ミサか歌ミサかによりミサの様々な部分での会衆のための対照的な姿勢を規定している。この姿勢は、公会議以前の伝統的なローマ典礼のどの専門家によっても支持されていない。

## V　階段祈祷と入祭文での姿勢

　聖歌隊席の聖職者の姿勢に従い[28]、著者達は、階段祈祷では

---

式一般の本である。」*The Ceremonies of the Roman Rite Described*, 初版, 脚注2, p. 19. Adrian Fortescue.

[26] *The Celebration of Mass*, 第4版, p. 600.

[27] 同, p. 600.

[28] 階段祈祷で聖歌隊席の全ての聖職者が跪くわけではない。高位聖

全員が跪くが、司祭が *Oremus* を唱えて祭壇を上る時に立ち上がると述べている。O'Connell は、会衆は入祭文を歌う場合には立つべきだが、入祭文を歌わない場合には跪いて階段祈祷を静かに唱え、聖歌隊の歌を聞くか入祭文の文章を黙想しても良いと追加している。Reid は O'Connell の言葉を繰り返している[29]。Sheen と Lasance、McManus は、会衆は階段祈祷で跪くが、司祭が *Oremus* を唱えて階段の段を上るとすぐに立ち上がるとのみ書いている。

しかしながら、赤い小冊子中の姿勢に従うことに慣れた会衆は、歌ミサ中では（入祭文を歌っているかどうかに関わらず）階段祈祷からグロリアが先唱されるまで、あるいは読誦ミサでは福音書の朗読まで跪いたままでいることであろう。これは公会議以前のどの専門家も教えていないが、米国では今日広くいきわたった慣習である。さらに、O'Connell が司式者と助祭・副助祭が行列で祭壇に来る時に入祭文が歌われると教えているのに反して、今日の一般的な慣習は、入祭文の歌を始める前に司式者が祭壇の床に到着するのを待つというものである。これは全く困惑させるものであり、何をするべきかを知るために典礼の本質を理解することが重要である理由を際立たせてい

---

職者及び着衣した参事会会員は、聖歌隊席の下位の聖職者が跪いている間でも、階段祈祷の間立ったままでいる。*The Celebration of Mass,* 第4版, p. 451.を参照。

[29] 「3、入祭文を歌うのでなければ階段祈祷で（*Oremus* まで）全員跪き、司式者が祭壇の段を上る時に立つ。」*The Ceremonies of the Roman Rite Described,* 第14版, p. 231.

る。

Dom Daniel Augustine は次のように説明している。「階段祈祷は聖職者のものであり、信徒のものではない[30]。規範の典礼は唱えられることではなく歌われることであるため、これらの祈祷文は意図された役割を果たす。これらは聖職者のための準備である。これらは、*会衆の代わりに聖歌隊により歌われる入祭文でミサが始まる時に唱えられる*[31]。会衆は入祭文―新しい典礼で指示されているように、開始の歌である（歴史的には詩篇であるべきである）―を歌っているべきであるため、会衆が跪いて会衆のものではない聞こえない祈祷文を追おうとすることは典礼自体とその形式、役割に反する[32]。」

O'Connell は「特別な聖歌隊は会衆の代わりを意図したものではなく、*可能な方法で全体が歌うことを助け促すことを意図*しており、全体が正確に歌えないより難しい部分のためのみ聖

---

[30] 「階段祈祷で唱えられる詩篇 *Iudica me* と告白、他の祈祷文は全て司式者の準備の部であり、現在ミサ典書の Præparatio ad Missam にあるように、（他の多くの詩篇と祈祷文とともに）一度香部屋で唱えられている。」―Adrian Fortescue, "*Liturgy of the Mass*" in the Catholic Encyclopedia, 1910. O'Connell は同じことを述べている。*The Celebration of Mass,* 第4版, n. 3(d), p. 600. 及び脚注32, p. 603.を参照。

[31] 「ミサの入祭文（*Introitus*）は交唱を伴う詩篇の断片であり、司式者と助祭・副助祭が教会に入り祭壇に近づく間に歌われる。全ての西方典礼では、記録のある最も古い時代から、ミサはこのような行列の詩篇で始まった。」―Adrian Fortescue, "*Liturgy of the Mass*" in the Catholic Encyclopedia, 1910.

[32] 著者宛の私信でのこの主題に関する Dom Daniel Augustine の説明から、本人の許可を得て引用。

職者と会衆の代わりとなることを意図している」ことを強調した[33]。O'Connell は「聖ピオ 10 世及びピオ 11 世、ピオ 12 世は、聖なる犠牲に列席する者がミサを*歌*うようにあらゆる努力が払われなければならないと強く促されてきた」と続けている[34]。典礼儀式では、歌うための正しい（そしてまた自然な）姿勢は立つことである[35]。

　荘厳ミサあるいは歌ミサ中に入祭文が歌われている間の階段祈祷では歌っていない者は跪くとする O'Connell と他の著者の学説にもかかわらず、私は全信徒が歌ミサでの階段祈祷の間立ったままでいて、特別な聖歌隊により歌われている入祭文の文章を追って入祭文を歌おうとするか、少なくとも「歌うふりをする」ことにより、1958 年の指針及び聖ピオ 10 世、ピオ 11 世、ピオ 12 世による積極的な参加の奨励に実際、より一致することになるとする Dom Daniel Augustine に同意しなければならない。さもなければ、誰も注意を払おうとしない場合、特別な聖歌隊に入祭文を歌わせることの意味は何であろ

---

[33] *The Celebration of Mass,* 第 4 版, p. 435.
[34] 会衆は「単に無関心で沈黙した観客」（ピオ 11 世）であるべきでないばかりでなく、ミサで歌っているばかりでなく、ミサの文章を歌うべきである。ー*De musica sacra et liturgia*, 24, 25.
[35] *Tra le Sollecitudini* で教皇ピオ 10 世は「会衆によりグレゴリオ聖歌の使用を復興させるために特別な努力がなされなければならない。そうして古い時代でのように、信徒は教会儀式でより積極的な役割を再び果たすことができる。」　聖務日課が歌われる修道会では歌っている者が常に立っていることは、しばしば見過ごされている。ここで教皇ピオ 10 世は「教会儀式（ここでは聖務日課ばかりでなくミサ聖祭を含むものと理解される）」を積極的に歌う古代の慣習を信徒が取り戻すことを奨励している。

うか？　聖歌隊はバックグラウンドの音楽を用意するために
そこにいるのではない。

　会衆により歌われるべき入堂の歌としての入祭文の重要性
を強調するために、*De musica sacra et liturgia* は会衆が入祭
文を歌うことを奨励しているばかりでなく[36]、実際このように
書かれている。「司祭と助祭、副助祭が長い通路を行列で行く
場合、聖歌隊が入祭文の交唱と詩篇の節を歌った後に同じ詩篇
の節を追加して歌い続けることが許されるであろう。交唱自体
を節毎の後あるいは追加した節の後に繰り返しても良い。司式
者が祭壇に到着した時に詩篇を終えて、Gloria Patri が歌われ
て、最後に入祭文の行列を終えるために交唱が繰り返される。
[37]」　入祭文の歌を、司式者が祭壇の床に到着するまででなく、
「司式者が*祭壇に到着*するまで」延長しても良いと書かれてい
ることに十分に注意すること。

　この指針は入祭文の歌の開始を司式者が階段祈祷を始める
ために祭壇の床に到着した時のみとしている現在の慣習に反
している[38]。誰もこれを現代主義風と考えないように、

---

[36] *De musica sacra et liturgia*, n. 25(c).

[37] 同, n. 27(a).

[38] 皮肉にも、現代で、司式者が祭壇に進んでいる間に入祭文が歌わ
れるのを見た例は通常形式のミサのみである。
http://www.newliturgicalmovement.org/2009/12/introit-from-midn
ight-mass-westminster.html,で参照できる、ウェストミンスター大
聖堂での 2009 年 12 月 24 日の真夜中のミサは、聖歌隊が最後の
*Gloria Patri* の前に詩篇の追加の節を歌っている壮麗な例であり、司
式者（Vincent Nichols 大司教）が祭壇に到着した後で交唱が歌われ
ている。カリフォルニア州 Silverado の聖ミカエル大修道院の

Fortescue は入堂の行列の開始を合図するために入祭文を歌うこの慣習は *De Sacramentis* で詳述されているように[39]5世紀までには（おそらくそれ以前に）全く適切とされていたと述べている。厳密に文字通りとすれば、これは入祭文以外のどのような入堂の歌を歌うことも排除することになり、司祭は階段祈祷の結びの直後に祭壇の階段を上った後でのみ祭壇に到着するために会衆が階段祈祷に参加する余地はほとんど残されていない[40]。「祭壇」を祭壇の床を含むと解釈する場合でさえも、聖歌隊が *Gloria Patri* を歌い終えてその時点から最後の入祭文の交唱を繰り返す時には、既に階段祈祷はかなり進行していることであろう。

*Kyrie* は入祭文の直後に歌われ、会衆もまた聖歌隊と一緒に

---

Norbertines もまた入祭文を司式者が教会内を進む時に入祭文を歌っている。

[39] 「約5世紀までにより明白に見始める・・・この文書（*De Sacramentis*）から我々は以下の体系を再現することができる・・・司式者と助祭・副助祭が祭壇に近づく時に、会衆は『*Introibo ad altare Dei*』を歌う（入祭文）・・・」　「これら（Roman Ordines）と sacramentaries から、我々は8世紀あるいは9世紀のローマでのミサを再現することができる。まだ階段祈祷はなかった。教皇は助祭及び副助祭、アコライト、歌手の大勢の随行員に伴われて入祭文の詩篇が歌われる中を入堂した」 – *Liturgy of the Mass*, Catholic Encyclopedia, 1917. A. Fortescue.

[40] 香付き歌ミサで、入祭文の歌が司祭と侍者が教会の中へ進んでいる時に直ちに始められ、追加の詩篇の歌で延長されないならば、入祭文は速やかに、恐らく司祭が祭壇の床に到着し階段祈祷を始める頃に終わるであろう。この時点で聖歌隊が Kyrie を始めるのは早過ぎるであろう。こうして、典礼で入祭文と Kyrie の間に聞くことのできる階段祈祷に信徒が参加することを許す静寂の隙間を作り出すことになる。しかし、これはローマ典礼の慣習ではない。

*Kyrie* を歌うことになっているため、入祭文の歌への参加を不意に中断しない限り（これはぎこちなくふさわしくないばかりでなく、ミサのこの部分の間の適切な役割に混乱を生じる原因となる。）、歌ミサ中の典礼の構造には会衆が階段祈祷に最初から参加するための都合の良い隙間は実際用意されていない。会衆は司祭に従って跪くべきか、あるいは司祭を無視して進行に従い、教会が割り当てた役割（入祭文と *Kyrie* を歌うことに参加すること）を果たすべきであろうか？

　聖歌隊が入祭文を歌っている時、司祭と侍者との対話は会衆には聞こえなくなる。このため跪いて階段祈祷に参加することに固執することを選んだ何人かの会衆は司祭と侍者両方の部を声に出して唱えることを強いられる。これらの者は、神の祭壇に入る者がこれらの者ではなく司祭である時に「神の祭壇に入ろう *Introibo ad altare Dei*」（及び司式者により唱えられる部）を唱えることが軽率であることに全く気がつかずにそうしている。もちろん、O'Connell が述べているように階段祈祷を静かに唱えることはできるであろうが、階段祈祷の際に跪く目的は司祭と侍者の間の対話に参加あるいは少なくとも静かに従うためではなかろうか？　司祭と侍者の間の対話が聞こえずに自身で全ての部を唱えることを強いられる時、どのようにこれを成すことができようか？　しかしながらこれらの困難は読誦ミサでは現れない。Dom Daniel は次のように続けている。

25

読誦ミサは荘厳ミサを典礼的に減じたものである。それ
ゆえ、読誦ミサでの階段祈祷の場所と役割を理解するため
には、本来の環境である荘厳な形式の典礼での場所と役割
を知ることが必要である。異なる見地から、教会は－これ
は1962年のミサ典書自体に先立つ全ての法令から極めて
明白である－信徒自身が典礼動作と直接の相互作用のも
とに正しい役割に従事することを意図している[41]。これは
私的信心－これらは極めて重要であり、ラテン教会での合
法の発展である－の慣習を攻撃したり傷つけるものでは
ない一方で、教会が信徒に典礼自体と直接の接触を持つこ
とを求めていることを意味している。荘厳ミサが規範であ
り、読誦ミサは典礼文との別の出会いを表している。

　省略された形式の典礼を創造することが許されるべき
かどうかはさておき、事実上、本当はそうではないのに規
範であるという印象は読誦ミサの形式に新しい状況を生
じている。荘厳ミサでは音楽に覆われて行われるために通
常全く聞こえない一定の祈祷文が、読誦ミサでは信徒に聞
こえている。このように、この形式の典礼で、信徒は聞こ
えているこれらの祈祷文にどのように対応するべきであ
ろうか？

　典礼の復元の原則の一面は、信徒が自分の思うことを言

---

[41] *The Celebration of Mass*, fourth edition, par. 2, p. 603.を参照。

い、手近の儀式行為に相応しいやり方でふるまうことである。この原則の観点から、読誦ミサでは－信徒がすべきように応答と姿勢を行う時－信徒は階段祈祷の間何をするべきであろうか？　これらは信徒ではなく聖職者のものである。これらが読誦ミサでは皆に聞こえるため、教会はこれらの祈祷文が信徒に聞こえるために信徒に適応されることを許し、奨励している。階段祈祷の場合には、全ての聖職者（司式者を除く）が跪いているために信徒は聖職者と同様に跪くことは全く自然である。信徒は入祭文を歌っても唱えてもいないため、なぜ立つことがありえようか？　論理的に、信徒は祭壇で跪いている者とともに跪き対話に参加するべきである。もし声を出して参加することを絶対に望まない場合には、立ったままでいるべきであろう[42]。

　これらの祈祷文の間司式者に応答している信徒に関して、読誦ミサの侍者の典礼上の役割がアコライトの代替であることは覚えておくべきである。アコライトの役割はろ

---

[42]　興味深いことに、カナダのフランス語のマスメディアである *Radio-Canada* のスタジオでの 1960 年 9 月 25 日の Saint-Jérôme の司教である Mgr. Émilien Frenette 司式の司教読誦ミサは階段祈祷の間に信徒が応答を唱える時に信徒が立っているのを示している。会衆に向かって行われたこのミサの動画はここで見ることができる。http://archives.radio-canada.ca/societe/religion_spiritualite/clips/11088/.　この動画は会衆と対面したミサでの典礼上の実験を示しているが、公会議前に場所によっては、読誦ミサにおいてさえも、階段祈祷の間立ったままでいることが慣習であったことをも示していることは注目すべきである。

うそくを持ち運ぶことと、瓶を運ぶことである[43]。アコライトの役割に応答をすることは含まれないーミサでのキリスト教徒として当然、典礼上の挨拶にも応答するであろうが。しかし、読誦ミサでは司式者に答える助祭と副助祭がいないため、誰がこれを行うであろうか[44]？　当然、侍者であるが、*これを行うことが彼らの役割ではないため適応としてである*。類似の方法で、信徒ーミサでの役割には確かに応答を行うことが含まれるーは階段祈祷に完全に参加するよう適応させても良い[45]。階段祈祷に関して、これがいったん終わったら、司式者が入祭文を唱えるために祭壇へ行く時に全員一緒に立ち上がる。正確に言えば、入祭文がローマ典礼ミサの始まりである[46]。


多くの人々は階段祈祷がミサ自体の部分でないことに気が

---

[43] 「一般的に彼らの務めは（アコライトの叙階が示すように）助祭と副助祭に奉仕することであり、助祭・副助祭を通じて司式者に奉仕する」– *The Celebration of Mass*, 第 4 版, p. 408.

[44] 階段祈祷の間、助祭と副助祭はもちろん跪かず、司式者の右側と左側で立ったままでいる。

[45] 「読誦ミサの奉仕はミサ典書の *Ritus* でずっと付随的にのみ扱われている。詳細は定められておらず、儀式書の一般原則を適用すること、荘厳ミサでの助祭と副助祭の務めと読誦ミサでの侍者の務めからの類推、礼部聖省の決定、地方の慣習により決定されている。ミサの奉仕はここでは概略のみが扱われている。このごろは読誦ミサでの会衆の積極的な参加を考慮しなければならない。」– *The Celebration of Mass*, 第 4 版, 脚注 1, p.353.

[46] 脚注 30-32 及び 41-45 は Dom Daniel Augustine の説明を補うために筆者が追加した。

付いていない。灌水式もまたミサの部分ではない。荘厳ミサあるいは歌ミサは聖歌隊による入祭文の歌で始まるが、この間司祭と侍者は階段祈祷を唱えている。読誦ミサは、階段祈祷に続き祭壇の階段を上った後で入祭文を唱えるために書簡側で司祭が自身に十字架の印をする時に始まる[47]。階段祈祷が唱えられている間、入祭文の歌のために立つという考えに会衆が抵抗するならば、それは理解できる。古い慣習は容易には滅びない。いずれにせよ会衆が歌ミサ中にそうすることを主張する場合、いったん司祭が Oremus を唱えて祭壇の階段を上れば少なくとも立ち上がるべきである。この時点を越えて跪き続けることは、全く思慮のないことである。

## VI Orate, Fratres での姿勢

O'Connell は会衆が司式者が会衆の方を向いて Orate, Fratres を唱える時に立ち上がり、固有文であるために、密唱のために立つべきだと述べている[48]。香付き歌ミサでは Orate Fratres はしばしば香炉係により献香を受けるために会衆が立ち上がる直前かあるいはおおよそその時に当たるため、会衆は Orate Fratres と密唱の準備のために、献香の後、立ったま

---

[47] 「入祭文を唱えることが真のミサの始まりとしてみなされるべきである。なぜならこれより前に行われたことは本質的に司式者の準備であるからである。」– Adrian Fortescue, "Introit" in the Catholic Encyclopedia, 1910.
[48] 同、脚注 21, p. 601. しかしながら、O'Connell は密唱が結語まで声を出して唱えられないために、一般的な原則は密唱の終わりまで座ったままでいることだと認めている。

までいる方が良いであろう。しかしながら、今日までの一般的な慣習は *Orate, Fratres* を通して座り、司祭が密唱を *Perómnia sæcula sæculórum* で結ぶ時にのみ立ち上がるというものである。

　司祭が我々の方向に回り祈祷文を呼びかける時に座ったままでいる（2010 年までは Novus Ordo でも）ことは、私には常に奇妙に感じられてきたし、座って応答を唱える時にはなおさらそうであった。Laurence 及び O'Connell、Walter Schmitz は「誰かのために立ち上がることは表敬の印である。従って・・・会衆は、*Dominus vobiscum* の言葉で会衆に挨拶しようとしている司式者に対して立ち上がる」と書いている[49]。この論理に従い、*Orate, Fratres* が信徒に呼びかけられているのであれば、司祭への表敬から、*Alter Christus* もう一人のキリストが回りこの祈祷文を我々に呼びかける時に我々は立ち上がるべきではないだろうか？　しかし、この嘆願が信徒に呼びかけられ、信徒が応答することを促されているならば、なぜ最初の２つの言葉のみが聞こえ、信徒が応答をいつ始めるべきかを知ることがほとんど不可能であるあるのだろうか？ Novus Ordo では、*fratres* のための"brothers and sisters"の合法的な使用、及び祈祷文全体を聞こえるように朗唱することにより示されているように、この嘆願は信徒に呼びかけられていると想定されている。

---

[49] 「誰かのために立ち上がることは表敬の印である。従って、聖福音が神の言葉であるため、ミサ中に聖福音の時に立ち上がることは適切である。同様に、会衆は、*Dominus vobiscum* の言葉で会衆に挨拶しようとしている司式者に対して立ち上がる」。*The Book of Ceremonies*、脚注 2、29 ページ参照。

この質問に答えるためには、第一にこの嘆願が誰に向けられているかを確かめる必要がある。

　この祈祷文が司祭達に呼びかけられていた時には、文章が *Orate, Fratres* と表現されていることが適切であったことに疑いはない。*The Mass of the Roman Rite: Its Origins and Development* で Joseph A. Jungmann は、フランク王国の環境に適応された 8 世紀のローマ司教典礼によれば、祈祷文は司式者が信徒と聖職者のいけにえに司式者自身の捧げものを加えたすぐ後に出てきて、司式者は回り、腕を伸ばしながら他の司祭達に司式者のために祈るよう求めたと我々に教えている[50]。Jungmann は東方典礼に同様の祈祷文が存在することにも言及している。

　しかし、これはその後も常に事実であったのだろうか? Jungmann は聖職者ばかりでなく会衆も呼びかけられていたことは、中世(イタリア及びスペイン以外)からの非修道会の文書で見出される呼びかけの式文から明らかであると述べている。まさに現在の Novus Ordo でのように、*fratres et sorores*(兄弟と姉妹)の言葉が一貫して現れている。Jungmann はこの文脈で *fratres et sorores* を使用している 2 ダース以上の典礼書の写本を確認した。

　Jungmann は呼びかけが通常 *fratres* のみに行われていることを容易に認め、この言葉が古い時代のように信徒の共同体全

---

[50] *The Mass of the Roman Rite: Its Origins and Development*, Joseph A. Jungmann, p. 82. 8世紀のローマ典礼では共同司式がより一般的であったため、この祈祷文が共同司式している司祭に呼びかけられているならば、より意味がある。しかし、Jungmann は彼が言及した司祭が共同司式者なのか、補佐司祭なのか、聖歌隊席の司祭なのかは示していない。

体を指すのではなく、聖職者のみを指すことは十分にあり得ると述べている。しかし彼は、*sorores*を無制限に加えることは、聖パウロが"brethren"の敬称で共同体全体に呼びかけたのと同様に、*fratres* を男性と女性の全員を含めるものと定義する点で中世の典礼学者が彼に一致していることの確証であると指摘している[51]。

　そのため、*Orate, Fratres*がもともと共同司式がローマ典礼でより一般的であった時代に共同司式者に呼びかけられていたかどうかに関わらず、John Hunwicke 神父が理論化したように[52]、8世紀までには共同司式であろうと列席であろうと同僚の司祭達のみに呼びかけられたものと理解され、中世までには男性、女性、子供の信徒全体を含めるものと理解された。従って、この祈祷文が唱えられる時には、会衆は立ち、会衆の方を向いて祈りのための嘆願を会衆に呼びかけている *Alter Christus* もう一人のキリストに対する表敬の印として立ったままで応答を行うべきであるとすることのみが適切であろう[53]。

---

[51] *The Mass of the Roman Rite: Its Origins and Development*, Joseph A. Jungmann, p. 86.

[52] http://liturgicalnotes.blogspot.com/2009/11/orate-fratres.html での John Hunwicke 神父の興味深い投稿を参照。私は彼の理論が極めてもっともらしいと考える。

[53] 私はしばしば典礼でのこの瞬間を我々の主の受難の夜のゲッセマネの園での光景と対比しており、この光景はまたカノンの沈黙のための強力な聖書的な支持を与えていると信じている。イエズスが一人で祈るために園に引いた後で初めてペテロ・ヤコボ・ヨハネを残した場所に戻った時、イエズスは彼らが深く眠っているのを見た。イエズスは彼らに話しかけ、彼らが誘惑におちいらないように起きていて祈るように注意した。ここで、あなた自身が眠っている弟子の一人であると想像してほしい。主の声を聞いた瞬間、立ち上がらないであろうか？　ルカ 22:39-46、マタイ 26:36-56、マルコ 14:32-42 参照。

しかしながら、これは伝統的ラテン語ミサでは容易ではない。Novus Ordo と違い、最初の2つの言葉しか聞こえない。続く密唱も聞こえない[54]。*Orate, Fratres* が信徒にも向けられているならば、会衆は応答することを許されているため、祈祷文全体が声を出して唱えられることのみが必然である。Jungmann はこの明白な矛盾を説明していない[55]。教会が単に見落としていたというのが真相かもしれない。結局、Novus Ordo でこの祈祷文を完全に聞こえるようにした後で、遅れたしかし適切な修正を行うために教会はさらに43年を要した。

　教会が最終的に公式の姿勢を命令する日まで、伝統的ラテン語ミサに列席する信徒には2つの選択がある。（１）*Orate, Fratres* の間、座り、座りながら応答を行い、密唱の結びで司祭が *Per ómnia sæcula sæculórum* を唱える時にのみ立つ。（２）*Orate, Fratres* のために立ち、立ちながら応答を行い[56]、密唱の間、立ったままでいる。

---

[54] 1964年9月26日の指針で、礼部聖省の Concilium は今や密唱が声を出して唱えられるよう指示した。当然、これは Summorum Pontificum の元でも1962のミサには影響しない。

[55] この矛盾は説明ができない。教会が、聖職者の叙階で共同司式者のために、通常は聞こえないローマ・カノンが明瞭な、聞こえる声で唱えられるよう命令できるのであれば、Orate, Fratres のようなずっと重要でない祈祷文のために間違いなくそうすることができる。Novus Ordo のためにはそうしたが、伝統的なラテン語ミサのためにはそうしなかった。

[56] 当然、これは手際を要する。司祭が回るのを完了して再び祭壇の方を向いている時までには祈祷文を朗唱し終えると仮定したとしても、会衆席に座っている者からは正確な頃合い容易には決められない。私はパリで、侍者と信徒に応答を始めるよう合図するために、司祭が最後の言葉 *omnipotentem* を明瞭な、聞こえる声で唱えるミサに列席したことがある。この身振りがいかに実用的であっても、これはルブリカにはない。

個人的には後者を薦めるが、大部分が聞こえない祈祷文に一致して応答することを会衆に求めることが、特に大抵黙っていることを好むタイプの者であれば、ラテン語ミサの古株達にとって受け入れ難いものであることは十分に理解できる。しかしながら、特に伝統的ラテン語ミサがまだ普及していないか大部分が新来者から成っている国及び地域では、新しく形成された共同体のために、後者の選択に従うことを検討するよう提案する。

## VII　Sanctus と Agnus Dei のために立つこと

　緊急の注意を必要とする姿勢は、*Sanctus* のための鈴が鳴らされるとすぐに、また *Agnus Dei* が唱えられるか歌われる時に会衆が跪く傾向である。これは誤りである。これはおそらく、赤い小冊子が *Sanctus* のまさに始まりに3回の鈴を示す3つの小さな鈴の絵と太字の「全員跪く All Kneel」という文字を示している事実のためである。

　*Sanctus* の鈴は会衆が直ちに跪くための合図として鳴らされるのではない。それどころか、鳴らす目的は3つある。(1)主に対する喜びに満ちた音をたてる。(2)信徒に何か神聖で奇跡的なことが起きようとしていることを知らせる。(3)教会内の信徒の注意を犠牲の祭壇で起きている奇跡に集中させるのを助ける[57]。

　Lasance の指示が彼の同時代人ほど正確ではなくそのため

---

[57] *Sanctus Bells: Their History and Use in the Catholic Church*, Vol. XI, No. 1, March 2005 Adoremus Bulletin Online Edition. Matthew D. Herrera.を参照。

にどちら側にも解釈することができるのを例外として、Fortescue 及び O'Connell、Reid、Sheen、McManus は会衆が *Sanctus* と *Agnus Dei* が唱えられるか歌われる後まで立ったままでいるべきであると明白に述べており、これらの祈祷文は教会が特別に信徒の積極的な参加を定めたミサの通常部分であるため、確かにそうである。

　ミサの通常部分は *Kyrie* 及び *Gloria*、*Credo*、*Sanctus-Benedctus*、*Agnus Dei* であり、典礼上の応答とともに、これらは決して跪いたままでなく、立ちながら唱えられるか歌われる[58]。「直線的な」典礼を持ち司式者がカノンを始める前に *Sanctus* の歌の結びを待つ Novus Ordo とは違い、伝統的ラテン語ミサは「層になった」典礼を持ち、司式者がカノンに進む前に *Sanctus* の歌が終わるのを待たないことを許容している。しかしながら会衆は司祭のものである部分に関わらないことになっている。会衆には聖なる母教会が遂行することを期待している聖餐の典礼において割り当てられた自分の役割がある。従って、*Sanctus* を歌うことになっている会衆は

---

[58] 「神の礼拝において信徒がより積極的な役割を果たすことは、グレゴリオ聖歌が会衆固有の部分に広く使用されるようにする。」– 教皇ピオ 11 世、*Divini cultus* 9; 教皇ピオ 12 世、*Mediator Dei*, 192; "25. 荘厳ミサでは信徒の参加に 3 つの段階がある。（a）最初に、会衆は典礼上の応答を歌うことができる。これらは *Amen; Et cum spiritu tuo; Gloria tibi, Domine; Habemus ad Dominum; Dignum et justum est; Sed libera nos a malo; Deo gratias* である。全世界の信徒がこれらの応答を歌うようになるためにあらゆる努力が行われなければならない。（b）第二に、会衆はミサの通常部分を歌うことができる。*Kyrie, eleison; Gloria in excelsis Deo; Credo; Sanctus-Benedictus; Agnus Dei.* 信徒がこれらの部分を歌うようになるためにあらゆる努力が行われなければならない。– *De musica sacra et litgurgia*, n. 25.

*Sanctus*の歌が終わるまでは（たとえ司祭がカノンに入っていても）まだカノンには入っていないため、聖歌隊がまだ*Sanctus*を歌っている間に跪くことは不適切である。同じ原則が*Agnus Dei*に当てはまる。

## Ⅷ　カリスの奉挙の直後に立つこと

多くの伝統主義者は、Fortescue 及び O'Connell が実際に会衆がカリスの奉挙の直後に立つよう指示していると知ったらあきれることであろう。そのような考えは伝統なローマ典礼の歴史と発展の理解の欠如を示しており、Sheen 及び Lasance、McManus もまた同じ事を述べている。実際、Fortescue 及び Sheen、Lasance は２回目の奉挙の後に会衆は立ち、司式者が御血を拝領する後まで立ったままでいるべきであると述べている[59]。この規則の例外は死者ミサ中であろう。死者ミサでは聖歌隊席の全員が、高位聖職者と参事会会員を含めて、カノンの終わりまで跪く[60]。O'Connell が述べていることに正確に従う場合、カリスの奉挙の直後に立ち、少なくとも*Agnus Dei*の後まで立ったままでいるべきである。*Agnus Dei*の後では、Fortescue 及び Sheen、Lasance に従うことを決めて立ったままでいるのでなければ、当然跪く。

興味深いことに、O'Connell の学説は、ルブリカが信徒に聖

---

[59] 「彼らはカリスの奉挙の後まで跪き、その後司式者の聖体拝領の終わりまで立つ。」– *The Ceremonies of the Roman Rite Described*, 初版, p. 85; "(11) ... 「奉挙の後、全員は立ち、司式者が御血を拝領するまで立ったままでいる。」– *The Fulton J. Sheen Sunday Missal*, p. xlv-xlvi; 「13　立つ－カリスの奉挙から司式者が御血を拝領するまで。」– *The New Missal for Every Day*, p. 88.

[60] *The Celebration of Mass*, 第４版, p. 535.

変化の後で司祭が *Mysterium fidei* を唱えるか歌う時に立ち上がり *Agnus Dei* 後まで立ったままでいて、その時に跪く（米国やカナダ、イングランドのように、聖餐の祈祷文の終わりまで跪いたままでいるための適用を認可された場所を除く）よう指示しているように、普遍教会での Novus Ordo のための規定の姿勢である[61]。

　これは今日の伝統的ラテン語ミサでの慣習からの過激な逸脱であるが、現行の慣習よりも伝統的なローマ典礼に近づくことになるであろう。現行の慣習ではカノンの終わりの後で *Pater Noster* のために短い間立ち、*Agnus Dei* で再び跪くことになっており、そうでなければカノンの始まりから聖体拝領まで跪き続けることになる調和した形式を不適当に中断しているかのように見える。会衆が聖変化の直後に立ち上がるならばそのように見えることはないであろうが、これは米国での慣習ではなく、我々にできるのは、どのようにして死者ミサのための姿勢が通常のミサのための規範的な姿勢になったかを推測することだけである[62]。

　O'Connell は「場所によっては、平信徒がカノンの終わりま

---

[61] 「・・・生贄の上での祈祷文からミサの終わりまで、この節中で示される個所を除き・・・他の規定がなければ、全てのミサで会衆は立つべきである。・・・場所が狭かったり、出席者の数が多かったり、他の重要な理由により妨げられるのでなければ、会衆は聖変化の時には跪くべきである。」－2002 ローマ・ミサ典書の総則 43
[62] しかしながら、Fortescue がイングランド人で O'Connell が Menevia 司教区（ウェールズ）の教区司祭であった一方で、McManus はボストン大司教区の司祭であり、そのため会衆が聖変化の後に立ち上がるとする彼の指示は、このような慣習が第二バチカン公会議前の米国でもまた広くいきわたっていたかもしれないことを示唆している。

で跪いたままでいる[63]」と言及しており、その場合には、*Pater Noster* のために立ち（すでに立っているのでなければ）、*Agnus Dei* の後で跪くよう指示している[64]。米国と多くの場所での慣習[65]が Novus Ordo でさえも、カノンの終わりまで跪くというものであるため、これが公会議後の慣習となったところでは、会衆が聖変化の直後に立つという伝統的なローマ典礼の尊ぶべき慣習（私はこれを好み、米国外の人々に推奨する）を再導入することを望むのでなければ、現在の慣習を続けることが賢明であるかもしれない。

## IX　平日のミサと死者ミサ

最後に、おそらくは平日のミサ及び死者ミサ中でのみ行われるために、しばしば見過ごされ忘れられている姿勢は、高位聖職者であっても聖歌隊席の聖職者に、待降節及び四旬節、受難節、9月の四季の齊日、復活節外の2級・3級祝日の前晩、死者ミサで集祷文及び聖体拝領後の祈祷文、*Oratio super populum* のために跪く事が要求されるというものである[66]。これらのミサでは司祭の祭服は紫か黒（死者ミサのため）である。会衆は一般的に聖歌隊席の聖職者の姿勢に従うべきであるため、著者達もまた会衆にこれらの場面で跪くよう指示してい

---

[63] *The Celebration of Mass*, 第4版, 脚注 23, p. 601.

[64] 同, no. 14-15, pp. 601-602.

[65] Coalition in Support of Ecclesia Dei が販売した 30 万部以上のラテン語のミサ小冊子に伴って、歌ミサでカノンの間中跪いている米国の慣習が英語圏でははやってきており、この赤い小冊子が見られるどこでも行われているように思われる。

[66] *The Celebration of Mass*, p. 451.

る[67]。

## X　Lasance の姿勢

　ここで 16 ページの脚注 14 で提示された問題点を検討する。Lasance が会衆はカノンの始まりから *Pater Noster* と序唱を通し聖体拝領まで跪くべきであると教えていると信じている者がいる。この見方は *The New Missal for Every Day* の 88 ページに見られる死者ミサと平日のミサのための Lasance の指示に基づいている。Lasance は正確には何と述べているのであろうか？　見てみよう。

死者ミサと平日のミサ

　上記の規則を守ることになっているが、会衆が以下の場合を除く。

　１、書簡の前及び聖体拝領の後の祈祷文の間は跪く。

　２、Benedictus . . . Hossana in excelsis から Agnus Dei の前の Pax Domini まで跪く。

　Lasance の１点目は死者ミサ及び紫の祭服のたいていの平日のミサのために集祷文と聖体拝領後の祈祷文で跪く伝統的な慣習に合致している。これは *The Celebration of Mass* 及び *The Ceremonies of the Roman Rite Described* の著者により言及され、聖歌隊席の聖職者と会衆の両方に適用されている。

---

[67] これに対して、Coalition in Support of Ecclesia Dei により出版された死者ミサの小冊子は、死者の歌ミサで会衆に集祷文と聖体拝領後の祈祷文のために立つよう指示している。

2点目は、87ページでいくつか前の文でLasanceが「ルブリカには指示はない。」そして「会衆は聖歌隊席にいる者のための規則に従って良い。」と述べていることと矛盾しているように見える。しかしながら、Fortescueはさらに早い1917年に、実際に同じ事を述べている。

待降節及び四旬節、四季の齊日、断食が守られる前日の平日のミサ、及び死者ミサでは聖歌隊席のメンバーは集祷文及び聖体拝領後の祈祷文、*Oratio super populum*の間、*Sanctus*から *Pax domini sit semper vobiscum* の応答の終わりまでも跪く。この規則の例外は御降誕及び御公現、御復活、聖霊降臨の前晩と聖霊降臨の週の四季の齊日である[68]。（下線は著者が追加）

会衆が死者ミサ及び平日のミサ中、この点で Fortescue と Lasance に従うことになっている場合、カノンの始まりから *Pater Noster*を通して跪き、*Agnus Dei*のすぐ前で立ち、司祭が御血を拝領する後まで立ったままでいるべきである（Lasance は「上記の規則を守ることになっている」とも述べているため、カリスの奉挙から司式者が御血を拝領するまで会衆が立つよう指示している同じページの規則第13もまた適用されるであろう。）。反語的に、この 1945 年の Lasance の姿勢がなお1962年のミサ典書に適用できると頑強に主張する者は *Agnus Dei* 以降に跪き続ける時、姿勢について書いたようには正確には従っていない。

---

[68] *The Ceremonies of the Roman Rite Described*, 初版, p. 85.

いずれにせよ、3つの事は事実上疑う余地はない。

（1）Lasance の2点目は（Fortescue のものと同様に）死者ミサと平日のミサにのみ適用され、従って死者ミサでも平日のミサでもないミサには適用されない。

（2）より重要なことであるが、Lasance はこれを規範第5版（1920年）の効力があった1945年に、Fortescue は規範第4版（1884年）の効力があったさらに以前の1917年に書いている。一方、Sheen 及び O'Connell の本は1962年近くに出版され、そのために 1958 年の積極的な参加に関する指針と1961年のローマ・ミサ典書（規範第6版）と聖務日課書のルブリカの教えを反映し、集祷文と聖体拝領後の祈祷文のために跪くこと以外には聖職者のためにも信徒のためにも死者ミサあるいは平日のミサのためのそのような姿勢を繰り返してはいない。

（3）Reid は *The Ceremonies of the Roman Rite Described* の第14版と第15版を改訂出版する時、Fortescue の死者ミサと紫の祭服の平日のミサで「*Sanctus* から *Pax domini sit semper vobiscum* への応答の終わりまで跪く」とする指示を繰り返さなかった。このことは、この姿勢がもはや1962年のミサの実行に一致しないことのさらなる証拠である。

　従って、1945年頃及びこれより前に行われていた死者ミサと平日のミサのためだけに意図された時代遅れの姿勢の順序に従うか、1962年のローマ・ミサ典書のための通常の使用の

ために書かれ更新された姿勢の順序に従うかを選ぶとしたら、後者により確実性があるのは明白である。結局、*Summorum Pontificum* は 1962 年のローマ・ミサ典書に関してであり、以前の規範版に関するものではない。

## XI　Novus Ordo の姿勢との類似性

　典礼に興味のある読者は、Novus Ordo でのミサの姿勢との類似性に容易に気が付き、なぜ私が Novus Ordo での姿勢を擁護しているのか不思議に思うだろう。私は擁護している訳ではない。会衆に入祭文（入堂の歌）から及びミサの全ての通常部分で立ち、*Orate Fratres* の前に立ち上がり *Sanctus* と *Agnus Dei* の後まで立ったままでいて、聖変化の終わりですぐに立ち上がるように指示している Novus Ordo での指針とのここでの類似性は、公会議前のローマ典礼の Novus Ordo の発展に及ぼす影響をむしろ反映したものであり、その逆ではない。というのは、これらの姿勢は Novus Ordo よりも前のものあるからである。Fortescue の *The Ceremonies of the Roman Rite Described* は 1917 年に出版された。Lasance の *The New Missal for Every Day* は 1945 年に最後に更新され出版された。O'Connell の *The Celebration of Mass* は 1940 年に最初に出版され、1963 年に最後に改訂され、1964 年に印刷された。Sheen の *The Fulton J. Sheen Sunday Missal* は 1961 年に出版された。McManus の *Rites of Holy Week* は 1956 年に出版

された。これらの著者が、1969 年になって導入された Novus Ordo の影響を受けていることは到底ありえない。

ある人々にとって受け入れることがいかに難しくても、Anibale Bugnini 神父に主導された Consilium[69]が単にその当時（1965 年頃）普及していた信徒のミサの姿勢を採用し、Consilium が創造して 1967 年 10 月 24 日にシスティーナ礼拝堂で選ばれた司教団の前に初めて原型ミサとして紹介された Novus Ordo ミサ[70]に組み入れたことは最もありそうなことである。これは 2 つの形式の間でのミサの姿勢が不気味に類似していることを説明している。

Bugnini は典礼を作り上げたかもしれないが[71]、信徒のミサの姿勢を作り上げたと責めることはできない。というのは、証拠は、この姿勢が古くは 1917 年、恐らくはさらに以前にさかのぼる公会議前の専門家により支持されているものと同じであることを示しているからである。ミサの姿勢に関する限り、Novus Ordo の姿勢（ローマ・ミサ典書の一般指針に書かれた

---

[69] Concilium は公教会の諸教父により最初に採択された文書である *Sacrosanctum Concilium*（聖なる典礼に関する憲章、1963 年 12 月 4 日）により必要とされた典礼改革を実行するために 1964 年に教皇パウロ 6 世によりつくられた諮問機関であった。

[70] Anibale Bugnini 自身によりイタリア語で行われた歌ミサ。The Reform of the Liturgy, 1948-1975. Liturgical Press, 1990. Anibale Bugnini.を参照。

[71] 「公会議後・・・有機的な発展の成果としての典礼の代わりに作られた典礼が来た。我々は何世紀にもわたる成長と発展の有機的な、生きている過程を放棄して、―製造する過程で―作り上げたもの、陳腐な即興的な産物と交換した。」– Joseph Ratzinger 枢機卿による Msgr. Klaus Gamber's "The Reform of the Roman Liturgy: Its Problems and Background" への序文。

合法のもの）は、1962年のミサ典書が有効であった時代に普及していた姿勢を反映しているために、我々自身の姿勢を再考する時に我々の歴史的な参照として役に立つのではないかと考えている。

## XII　赤い小冊子の姿勢の批評

　読誦ミサの間に会衆がなぜ階段祈祷から福音書の朗読までずっと跪くべきか、しかしなぜ荘厳ミサでは今日多くの場所で行われているように *Gloria* の歌のために立ち上がるべきかについて、典礼上の理由も、あるいは実際的な理由でさえもない。荘厳ミサでは会衆が密唱の結びで立ち、*Pater Noster* のためと序唱を通して立ったままでいて、その後 *Sanctus* で再び跪くのに、なぜ読誦ミサでは会衆が説教以降、*Pater Noster* と序唱を通して、*Sanctus* の鈴が鳴るまでずっと座るかの良い説明もない。同じミサであるのに、なぜ異なる姿勢なのであろうか？[72]

　多くの者は、もっと良いものを知らずそして周囲の会衆がそう行っているために、赤い小冊子の姿勢に盲目的に従っている。他方で、ともかく信徒の姿勢を指示している公式のルブリカが

---

[72]　「何かのために立ち上がることは敬意の印である。従って、福音書は神の言葉であるから、ミサ中に福音書で立ち上がることは適切である。同様に、*Dominus vobiscum* の言葉で会衆に挨拶をしようとしている司式者のために会衆は立ち上がる。」*The Book of Ceremonies*, 脚注2, p. 29. を参照。読誦ミサで赤い小冊子の姿勢に従っている者は、*Dominus vobiscum* が唱えられる6回中の4回で跪いているか座っているであろうが、歌ミサ中には6回全てで立っているであろう。

なかったために[73]、当時の地方の慣習と慣例であると彼らが信じ、憶えていることに従って良いと主張する者もいる。しかし、地方の慣習であると信じていることが実際に1962年のミサのための地方の正しい慣習であったとする証拠は何であろうか？　その上、歴史の中で教会が典礼を更新した毎にしばしば起きたように、かつてある時代では規範であったことが、もはや規範ではないことはありえる。

　信徒の姿勢の問題の調査中に、有名な赤い小冊子の出版者である Coalition in Support of Ecclesia Dei の執行役員である Mary Kraychy 夫人と話す機会があった。Kraychy 夫人によれば、信徒の姿勢に関して、どのような典礼書も権威のある本も調べておらず、赤い小冊子をまとめていた時に意見を求めた司祭及び人々から集めた情報を基にした。これはとても権威のあるものとはいえず、さらに、いかに多くの人々が赤い小冊子に無謬性のマントをきせて、そこで示された信徒の姿勢を Kraychy 夫人がどこで情報を得たのかを調べもせずにあたかも信仰箇条を守っているかのように頑強に守っているかには、驚かされる。

　始まりで説明されたように、信徒に常に跪き何も唱えないよう指示しているルブリカは、*信徒に積極的な役割がない私誦*（読誦）*ミサに列席している者を意図していた。1961 年のル

---

[73] これはもちろん本当であり、ミサでの様々な姿勢の信徒を示している過去何世紀もの数多くの絵も証拠になっている。

ブリカは「私誦」ミサの概念を削除し、信徒が「適切なやり方で」積極的にミサに参加することを求めた[74]。これはまた、信徒の典礼におけるより積極的な参加を求める教皇の以前の奨励を繰り返した1958年の指針 *De musica sacra* に全員が従うよう指示した。「会衆の参加はより完全になっている。しかしながら、この内的な決定のように、外的な参加は身体動作（跪く、立つ、座る）や儀式の合図、特に応答、祈祷文、歌のような外的な動作により示される。」[75]

　外的な動作や応答（対話ミサ Dialog Mass でのような）により参加している会衆は、積極的な役割がないとは言えず、積極的な役割がないことは会衆がより積極的な参加を意味する「与る」代わりにただ「列席している」と思われていた私誦ミサ中で跪き静かでいることの基礎をなす根拠であった。ある人々が1961年以後に、古いミサの信徒である（古いルブリカが福音書を除きずっと跪いているべきであると明白に述べている時、奉献から *Sanctus* まで座っているために、そうであると思っても、実際にはそうではなかった）という誤った信念からこの慣習を続けたならば、これはおそらく習慣と無知からであった。礼部聖省が Bugnini の Concilium の勧めに従い、

---

[74] ローマ典礼の聖務日課とミサ典書の一般的なルブリカ（1961年）, part 3, chapter 1, n. 272.　「私誦ミサ Low Mass」のためのラテン語の用語も「*読誦ミサ Missa lecta*」に変更された。以前には「私誦ミサ Low Mass」のためのラテン語は「私的ミサ private Mass」と同義であった。

[75] *De musica sacra et liturgia*, par. 22(b).

1962 年のミサ典書のインクが乾く間もないわずか 2 年後の
1964 年に[76]そして再び 1969 年に典礼を改訂したという事実
からすれば、これは意外なことではない。真相がどうであれ、
会衆の姿勢を決定するための基礎として、伝統的なローマ典礼
についての有名な権威者の考えを捨てて、人々の個人的な回想
あるいは考えにのみ頼るのは適切ではないであろう。

　私は Krachy 夫人を非難しているのではなく、夫人が 1962
年の信徒用ミサ典書が絶版になり入手できなかった暗黒の時
代に入手可能なミサの小冊子の出版を通じて伝統的なミサを
維持したことはただ称賛に値する。しかしながら、赤い小冊子
の姿勢が誤っていることを知るか、あるいは特別な教育と訓練
によりこれらの姿勢が誤っていると知りながらも正す行動を
行わなかった人々を非難する。この活動しなかったことの結果、
赤い小冊子の誤った姿勢は広く普及し、教義上の不可謬性の様
相を呈してきているため、ペテロ会（FSSP）でさえも決して
触れようとはしてきていない[77]。

　恐らく多くの伝統的なカトリック信徒は、今まで従ってきた
姿勢が誤っているという意見を不快に思うであろう。誰かを怒
らせたり困らせることは私の意図するところではない。私は事
実及び専門家の意見、教会の教えをただ提示している。反する

---

[76] 1964年9月26日に公布され、1965年3月7日に施行された *Inter oecumenici*
[77] ペテロ会がネブラスカ州の自身の神学校で赤い小冊子の姿勢では
なく O'Connell と Reid の姿勢に従っていることを考えると、これは
皮肉なことである。

意見があるのであれば、Fortescue 及び O'Connell、Lasance、McManus、Sheen、Reid が集団的に誤っているのがどこかを示して欲しい。もし*可能であればだが*、というのは伝統的なローマ典礼の儀式に関してこれらの専門家よりも知識のある者を見つけることは難しいであろうから。

## XIII　正しいことをすること−姿勢と身振りが問題である。

これらの意外な新事実を考慮して、これらが伝統的なカトリック信徒の現在の世代が慣れてきた姿勢であり今変えることは取るに足りない重要性の事柄に混乱の種を蒔き分裂を引き起こすだけであろうとして、それでもなお赤い小冊子の姿勢に従うという提案がされてきている。乱用として始まった典礼の慣習（手での聖体拝領、女性の侍者、聖木曜日に女性の足を洗うこと等々）が Novus Ordo に忍び寄り、Novus Ordo で受け入れられるようになることを許したのは、正確にこの種類の心理である。逆に、我々が自身に問うべき質問はこれである。我々は単に便利であるために他の皆が行っていることに従うべきであろうか、それとも正しいことをするべきであろうか？　前者であれば、我々は自身の典礼を創造することをあえてしていることになる。

私が信徒のミサの姿勢のようなささいな問題のことを大袈裟にしようとしていると考える向きの人々は、伝統的ラテン語

ミサで *Pater Noster* の歌の間、もし会衆の一団が互いにそして通路を越えて手を握ったり、カリスマのように手を空に延ばしたり、司祭のように *orans* の姿勢で両手を横隔膜のあたりで伸ばしたりしたら、どのように反応するであろうかを熟考するのが良いであろう。あるいは、もし会衆が *Et cum spiritu tuo* に答える時に司祭の方に向かって腕を押したり、Joe 神父がスミス夫妻の祝福に加わるように頼んだ時にヒトラー式の挨拶を踵を鳴らして行ったらどうであろうか？ あるいはもし会衆が聖変化の間座ったままでいるか立ったままでいたり、座りながら手で聖体拝領を受けたり、跪きながらしかし手で聖体拝領を受けたらどうであろうか？ 結局、これらの姿勢と身振りはラテン典礼で行われており、そして 1962 年のミサでの信徒の姿勢を決定する公式の規範は何もないのである[78]。会衆はなお無関心でいるであろうか、あるいは伝統的ラテン語ミサとはかけはなれたこれらの姿勢と身振りは反応を引き出すに十分なほど悩ませるであろうか？

　典礼秘跡省の以前の次官であり現在はスリランカのコロンボ大司教である Malcolm Ranjith 枢機卿は、我々に適切に警告している。「この理由から典礼は人間が創造するものではあ

---

[78] *Universæ Ecclesiæ* 28 が 1962 年のミサを「1962 年以降に公布され、1962 年に有効であった典礼書のルブリカと相いれない聖なる典礼に関係するこれらの法規の条項」から保護している一方、1962 年のミサのための公式に定められた信徒の姿勢や身振りがなかったために、Novus Ordo と関係づけられた不正な慣習や実践を会衆が自発的に導入することを止めていない。

りえない。というのは、もし我々が望むようなやり方で礼拝し規則を我々自身で定めるならば、アーロンの黄金の子牛を作り直す危険を冒すことになるからである[79]。」 枢機卿は Novus Ordo での典礼上の乱用に対して発言を行っていたが、我々はまた、伝統的なカトリック信徒が独自の規則を創造して礼拝することで黄金の子牛を作り出していないかどうかを率直に問わなければならない。証拠の優位性を鑑みた積極的な参加に関する公会議前の教会の教えに適合させるためにミサの姿勢を変えることをあえて提案しようとする者に対する狭量と聞く耳をもたない態度は、司祭を含めた多くの伝統的なカトリック信徒が赤い小冊子の姿勢を神に捧げられた第8の秘跡の地位に挙げたことの印であり、教会の精神と望みに明白に反する参加の方法に頑強に固執することで第二バチカン公会議の誤った精神の内に確立された典礼の規範を気まぐれに軽視する老いた Novus Ordo のヒッピーも同然であるという皮肉に全く気がついていない。

　ほとんど絶滅しかかった長くそして不当な抑圧の年月の後の奇跡的な復興を考え、伝統的なカトリック信徒の現在の世代には、伝統的ラテン語ミサの一時的な保護者として、本当の伝統的なローマ典礼を保存して変わらない姿で未来の世代へ手渡すという重大な責任がある。しかしながら、我々が何もしな

---

[79] 2011 年 8 月 24 日付けの *Foederatio Internationalis Una Voce (FIUV)* 宛の手紙で、2011 年 11 月 5 日から 6 日にローマで開催された FIUV の 20 回目の総会中の会合で紹介された。

いことを続け伝統的なローマ典礼の真の専門家よりも良く知っていると信じる人々により牧される羊のようにいるのを許すのであれば、我々はこの荘厳な責任を成し遂げることに確実に失敗することになろう。

## XIV　伝統的ラテン語ミサのための理想的な姿勢

読誦ミサであっても歌ミサであっても、米国での会衆は理想的には、（1）入祭文、*Kyrie*、*Gloria*、集祷文[80]のために立ち、（2）書簡、昇階唱、アレルヤ唱（詠唱、続唱）のために座り、（3）福音書のために立ち、（4）説教のために座り、（5）*Credo* 及び *Oremus* のために立ち、（6）奉献の間座り、（7）*Orate Fratres* で座り（あるいは立ち）、（8）密唱の結びで *Per ómnia sæcula sæculórum* で立ち、（9）*Sanctus* の後で跪き、（10）*Pater Noster* の直前、カノンの終わりの *Per ómnia sæcula sæculórum* で立ち、（11）*Agnus Dei* の後及び聖体拝領の間中に跪き、（12）すすぎのために座り（あるいは跪き）[81]、（13）聖体拝領後の祈祷文の前の *Dominus vobiscum* で立ち、（14）聖体拝領後の祈祷文と派遣（*Ite Missa est*）の間は立ち、（15）最後の祝福のために跪き、（16）最後の福音書のために立ち、（17）退堂のために立つべきである。要するに、

---

80　紫の祭服でのたいていのミサと死者ミサを除く。これらのミサでは集祷文と聖体拝領後の祈祷文で全員が跪く。*The Celebration of Mass*, 第4版, 脚注 17, p. 601.
81　聖体拝領を受けなかった者のため。– 同, n. 18, p. 602

読誦ミサと歌ミサの間での会衆の姿勢の唯一の違いは階段祈祷の間であるべきであり、この時、読誦ミサでは会衆は跪くが（しかし司祭が *Oremus* を唱えて祭壇を上る直後に立ち上がる。）、荘厳ミサあるいは歌ミサでは立ったままでいる。その後は、読誦ミサでの会衆の姿勢は歌ミサでのものを反映したものであるべきである。57 ページの表 2 にまとめられたこの姿勢の順序は、Agnus Dei の後で跪くように会衆に指示する一方で、歌ミサでは入祭文の歌の間立ったままでいるよう会衆に指示しているため、本質的に 1962 年のミサのための O'Connell と Reid の姿勢の順序である。カノンの間ずっと跪くことが慣習でない国々では、Fortescue 及び Lasance、Sheen が擁護している伝統的なローマ典礼の姿勢に立ち戻って、2 回目の奉挙の直後に立ち、（a）Agnus Dei の歌の後に跪くか、あるいは（b）司祭が御血を拝領した後まで立ったままの姿勢でいる方が良いと考えている。（a）と（b）両方の選択肢はまた Novus Ordo に取り入れられており（逆ではない）、姿勢が同様であれば乗り越えるのに困難は少ないため、これが慣習である場所においては、実際に Novus Ordo からの新来者が伝統的なラテン語のミサに速やかに順応するための助けになるかもしれない。これらの姿勢のまとめは表 3 で示してあり、より一般的な選択肢（a）を使用している[82]。

---

[82] 私は 2012 年 2 月 7 日にフィリピンの私立学校で、300 人以上の高等学校の全生徒及び教師、多くの親が列席した歌ミサを手伝った。圧

このエッセイが多くの伝統的なカトリック信徒の眼を覆っているベールを取り去り、彼らの精神が輝き、彼らがミサの姿勢を教会の精神に合致する方法で客観的に再考できるようになることが私の心からの祈りである[83]。

---

倒的多数の者は以前に伝統的なラテン語ミサを手伝ったことはなかった。ミサ中には、入祭文の歌の間は立ち、2回目の奉挙の後に立つことを含め、表3で示されている姿勢に従った。ミサの動画はここで見ることができる。http://www.youtube.com/watch?v=J_3vgntHrs0.
私の観察と多くの人々が後で私に話したことから、Novus Ordo との姿勢の類似性（フィリピンの多くの司教区では、一般的なローマ典礼の実践に従って、2回目の奉挙の直後に立ち上がるのが慣習である。）は会衆が新しい経験の目新しさに順応するのを助け、彼らの経験とかけ離れたいくらか「奇妙で、新しい姿勢」により気が散らされることなく典礼の本質に注意を保つのを可能にした。
[83] 質問あるいは批評を歓迎している。richardfriend62@gmail.com 宛にメールを。

# 表1　主日の歌ミサのための姿勢の順序についての学説の比較

| | CM | CRRD | Lasance | Sheen | RHW | Eccl. Dei |
|---|---|---|---|---|---|---|
| 階段祈祷 | — | — | 跪く | 跪く | 跪く | 跪く |
| 　　入祭文を歌っていない場合 | 跪く | 跪く | — | — | — | — |
| 　　入祭文を歌っている場合 | 立つ | 立つ | — | — | — | — |
| 司祭が祭壇に上る | 立つ | 立つ | 立つ | 立つ | 立つ | 跪く |
| 司祭が入祭文を唱える | 立つ | 立つ | 立つ | 立つ | 立つ | 跪く |
| Kyrie | 立つ | 立つ | 立つ | 立つ | 立つ | 跪く |
| Gloria | 立つ | 立つ | 立つ | 立つ | 立つ | 立つ |
| 集祷文 | 立つ | 立つ | 立つ | 立つ | 立つ | 立つ |
| 書簡 | 座る | 座る | 座る | 座る | 座る | 座る |
| 昇階唱、アレルヤ唱（詠唱、続唱） | 座る | 座る | 座る | 座る | 座る | 座る |
| 福音書 | 立つ | 立つ | 立つ | 立つ | 立つ | 立つ |
| 説教 | 座る | 座る | 座る | 座る | 座る | 座る |
| Credo | 立つ | 立つ | 立つ | 立つ | 立つ | 立つ |
| Et incarnatus est...で | 跪く | 跪く | 跪く | 跪く | 跪く | 跪く |
| 奉献前の Oremus の後 | 座る | 座る | 座る | 座る | 座る | 座る |
| 奉献 | 座る | 座る | 座る | 座る | 座る | 座る |
| 会衆の献香 | 立つ | 立つ | 立つ | 立つ | 立つ | 立つ |
| Orate, fratres で | 座る[1] | 座る | 座る | 座る | 座る | 座る |
| 密唱 | 座る | 座る | 座る | 座る | 座る | 座る |

| | CM | CRRD | Lasance | Sheen | RHW | Eccl. Dei |
|---|---|---|---|---|---|---|
| 密唱後の Per omnia で | 立つ | 立つ | 立つ | 立つ | 立つ | 立つ |
| 序唱 | 立つ | 立つ | 立つ | 立つ | 立つ | 立つ |
| Sanctus | — | — | — | — | — | 跪く |
| Sanctus の歌の間 | 立つ | 立つ | 立つ | 立つ | 立つ | — |
| Sanctus が歌われた後 | 跪く | 跪く | 跪く | 跪く | 跪く | 跪く |
| カリスの奉挙の後 | 立つ | 立つ | 立つ | 立つ | 跪く | 跪く |
| カノンの終わりの Per omnia で | 立つ | 立つ | 立つ | 立つ | 立つ | 立つ |
| Pater Noster | 立つ | 立つ | 立つ | 立つ | 立つ | 立つ |
| Agnus Dei | — | — | — | — | — | 跪く |
| Agnus Dei の歌の間 | 立つ | 立つ | 立つ | 立つ | 立つ | — |
| Agnus Dei が歌われた後 | 跪く | 跪く [2] | 立つ | 立つ | 跪く | 跪く |
| 司祭の聖体拝領 | — | — | — | — | — | — |
| 司祭が御血を拝領する | 跪く | 跪く [2] | 立つ | 立つ | 跪く | 跪く |
| 司祭が御血を拝領した後 | 跪く | 跪く | 跪く | 跪く | 跪く | 跪く |
| Dominus vobiscum で | 立つ | 立つ | 立つ | 立つ | 立つ | 立つ |
| 聖体拝領後の祈祷文 | 立つ | 立つ | 立つ | 立つ | 立つ | 立つ |
| Ite missa est で | 立つ | 立つ | 立つ | 立つ | 立つ | 立つ |
| 最後の祝福 | 跪く | 跪く | 跪く | 跪く | 跪く | 跪く |
| 最後の福音書 | 立つ | 立つ | 立つ | 立つ | 立つ | 立つ |
| 退堂 | 立つ | 立つ | 立つ | 立つ | 立つ | 立つ |

注釈：

（1）密唱が聞こえないために多くの地方での慣習が座ったままであることを認めながらも、O'Connell はここで（密唱の間も）立つことがより正しいと述べている。

（2）CRRD の初版で Fortescue は会衆が2回目の奉挙の後で立ち、司式者が御血を拝領し終わるまで立ったままでいるべきだと述べている。


記号：

CM = The Celebration of Mass, fourth edition (1964). J.B. O'Connell.

CRRD = The Ceremonies of the Roman Rite Described, fourteenth edition. Fortescue, O'Connell, Reid.

Lasance = The New Missal for Every Day, 1945 edition, Francis X. Lasance.

Sheen = The Fulton J. Sheen Sunday Missal. Fulton J. Sheen

RHW = Rites of Holy Week (1956). Frederick McManus.

Eccl. Dei = Latin-English Booklet Missal for Praying the Traditional Mass (赤い小冊子).

## 表2　跪き、座り、立つ順序（米国）

| | 通常のミサ | | 死者ミサ | |
|---|---|---|---|---|
| | 読誦ミサ | 荘厳ミサ | 読誦ミサ | 荘厳ミサ |
| 入堂 | 立つ | 立つ | 立つ | 立つ |
| 灌水式 | 立つ | 立つ | N/A | N/A |
| 司祭が着衣する間 | 座る | 座る [1] | 座る | 座る |
| 司祭が着衣から戻る時 | 立つ | 立つ | N/A | N/A |
| 階段祈祷 [2] | 跪く | 立つ | 跪く | 立つ |
| 司祭が祭壇に上る | 立つ | 立つ | 立つ | 立つ |
| 司祭が入祭文を唱える | 立つ | 立つ | 立つ | 立つ |
| Kyrie | 立つ | 立つ [3] | 立つ | 立つ [3] |
| Gloria | 立つ | 立つ [3] | N/A | N/A |
| 集祷文 | 立つ [4] | 立つ [4] | 跪く | 跪く |
| 書簡 | 座る | 座る | 座る | 座る |
| 昇階唱 | 座る | 座る | 座る | 座る |
| アレルヤ唱（詠唱、続唱） | 座る | 座る | 座る | 座る |
| 福音書 | 立つ | 立つ | 立つ | 立つ |
| 説教 | 座る | 座る | 座る | 座る |
| Credo | 立つ | 立つ [3] | N/A | N/A |
| Et incarnatus est…で | 跪く [5] | 跪く [5] | N/A | N/A |
| 奉献前の Oremus の後 | 座る | 座る | 座る | 座る |

| | 通常のミサ | | 死者ミサ | |
|---|---|---|---|---|
| | 読誦ミサ | 荘厳ミサ | 読誦ミサ | 荘厳ミサ |
| 奉献 | 座る | 座る | 座る | 座る |
| 会衆の献香 | N/A | 立つ [6] | N/A | N/A |
| Orate, fratres で | 座る | 座る／立つ | 座る | 座る |
| 密唱 | 座る | 座る／立つ | 座る | 座る |
| 序唱 | 立つ | 立つ | 立つ | 立つ |
| Sanctus の後 | 跪く [7] | 跪く [7] | 跪く [7] | 跪く [7] |
| Per omnia sæcula sæculorum で | 立つ | 立つ | 立つ | 立つ |
| Pater Noster | 立つ | 立つ | 立つ | 立つ |
| Agnus Dei の後 | 跪く [7] | 跪く [7] | 跪く [7] | 跪く [7] |
| 聖体拝領 | 跪く | 跪く | 跪く | 跪く |
| Dominus vobiscum で | 立つ | 立つ | 立つ | 立つ |
| 聖体拝領後の祈祷文 | 立つ [4,9] | 立つ [4,9] | 跪く [9] | 跪く [9] |
| Ite missa est [10] | 立つ | 立つ | 立つ | 立つ |
| 最後の祝福 | 跪く | 跪く | N/A | N/A |
| 最後の福音書 [8] | 立つ | 立つ | 立つ [8] | 立つ [8] |
| Et Verbum caro factum est [8] | 片膝をつく | 片膝をつく | 片膝をつく [8] | 片膝をつく [8] |
| ミサ後の祈祷文 [11] | 跪く | N/A | 立つ [11] | 立つ [11] |
| 退堂 | 立つ | 立つ | 立つ | 立つ |

注釈：

1 司祭が着衣している間、聖歌隊が入祭文を歌っている場合には、立つのが適切であろう。

2 詩篇 Iudica me は死者ミサでは省かれる。

3 司祭が座る時には座って良い。司祭が祭壇に戻るために立ち上がる時に立つ。

4 紫の祭服の平日のミサでは跪く。

5 座っている時には跪く代わりに頭を下げる。しかしながら、3 月 25 日と 12 月 25 日には全員跪かなければならない。

6 献香の前後に香炉係にお辞儀をし、*Orate, Fratres* のために立ったままでいる。献香がない場合は座る。

7 Sanctus あるいは Agnus Dei が唱えられるか歌われた後でのみ跪く。

8 死者ミサで赦免が直後に行われる場合には省略される。

9 聖体拝領後の祈祷文の直後に立ち上がる。

10 死者ミサでは Requiescant in pace

11 死者ミサではミサ後の祈祷文は赦免に代わる。

## 表3　跪き、座り、立つ順序

| | 通常のミサ | | 死者ミサ | |
|---|---|---|---|---|
| | 読誦ミサ | 荘厳ミサ | 読誦ミサ | 荘厳ミサ |
| 入堂 | 立つ | 立つ | 立つ | 立つ |
| 灌水式 | 立つ | 立つ | N/A | N/A |
| 司祭が着衣する間 | 座る | 座る [1] | N/A | N/A |
| 司祭が着衣から戻る時 | 立つ | 立つ | N/A | N/A |
| 階段祈祷 [2] | 跪く | 立つ | 跪く | 立つ |
| 司祭が祭壇に上る | 立つ | 立つ | 立つ | 立つ |
| 司祭が入祭文を唱える | 立つ | 立つ | 立つ | 立つ |
| Kyrie | 立つ | 立つ [3] | 立つ | 立つ [3] |
| Gloria | 立つ | 立つ [3] | N/A | N/A |
| 集祷文 | 立つ [4] | 立つ [4] | 跪く | 跪く |
| 書簡 | 座る | 座る | 座る | 座る |
| 昇階唱 | 座る | 座る | 座る | 座る |
| アレルヤ唱（詠唱、続唱） | 座る | 座る | 座る | 座る |
| 福音書 | 立つ | 立つ | 立つ | 立つ |
| 説教 | 座る | 座る | 座る | 座る |
| Credo | 立つ | 立つ [3] | N/A | N/A |
| Et incarnatus est…で | 跪く [5] | 跪く [5] | N/A | N/A |
| 奉献前の Oremus の後 | 座る | 座る | 座る | 座る |

60

| | 通常のミサ | | 死者ミサ | |
|---|---|---|---|---|
| | 読誦ミサ | 荘厳ミサ | 読誦ミサ | 荘厳ミサ |
| 奉献 | 座る | 座る | 座る | 座る |
| 会衆の献香 | N/A | 立つ[6] | N/A | N/A |
| Orate, fratres で | 立つ | 立つ | 立つ | 立つ |
| 密唱 | 立つ | 立つ | 立つ | 立つ |
| 序唱 | 立つ | 立つ | 立つ | 立つ |
| Sanctus の後 | 跪く[7] | 跪く[7] | 跪く[7] | 跪く[7] |
| 聖変化の後[8] | 立つ | 立つ | 立つ | 立つ |
| Per omnia sæcula sæculorum で | 立つ | 立つ | 立つ | 立つ |
| Pater Noster | 立つ | 立つ | 立つ | 立つ |
| Agnus Dei の後 | 跪く[7] | 跪く[7] | 跪く[7] | 跪く[7] |
| 司祭の聖体拝領後 | 跪く | 跪く | 跪く | 跪く |
| Dominus vobiscum で | 立つ | 立つ | 立つ | 立つ |
| 聖体拝領後の祈祷文 | 立つ[4,10] | 立つ[4,10] | 跪く[10] | 跪く[10] |
| Ite missa est[11] | 立つ | 立つ | 立つ | 立つ |
| 最後の祝福 | 跪く | 跪く | N/A | N/A |
| 最後の福音書[9] | 立つ | 立つ | 立つ[9] | 立つ[9] |
| Et Verbum caro factum est[9] | 片膝をつく | 片膝をつく | 片膝をつく[9] | 片膝をつく[9] |
| ミサ後の祈祷文[12] | 跪く | N/A | 立つ[12] | 立つ[12] |
| 退堂 | 立つ | 立つ | 立つ | 立つ |

注釈：

1 　司祭が着衣している間、聖歌隊が入祭文を歌っている場合には、立つのが適切であろう。

2 　詩篇 Iudica me は死者ミサでは省かれる。

3 　司祭が座る時には座って良い。司祭が祭壇に戻るために立ち上がる時に立つ。

4 　紫の祭服の平日のミサでは跪く。

5 　座っている時には跪く代わりに頭を下げる。しかしながら、3 月 25 日と 12 月 25 日には全員跪かなければならない。

6 　献香の前後に香炉係にお辞儀をし、立ったままでいる。

7 　Sanctus と Agnus Dei が唱えられるか歌われた後でのみ跪く。

8 　司祭がカリスの奉挙に続き片膝をついた後に立ち上がった時に立つ。

9 　死者ミサで赦免が直後に行われる場合には省略される。

10 　聖体拝領後の祈祷文の直後に立ち上がる。

11 　死者ミサでは Requiescant in pace

12 　死者ミサではミサ後の祈祷文は赦免に代わる。

# 参考文献

*Catholic Encyclopedia*, 1910. Posted online at http://www.newadvent.org/cathen/

*De musica sacra et sacra liturgia* (Instruction on Sacred Music and Sacred Liturgy), Sacred Congregation of Rites, 3 September 1958.

*Divini cultus*, Apostolic Constitution of Pope Pius XI on Divine Worship, 20 December 1928.

*Institutio Generalis Missalis Romani 2002*

*Inter oecumenici* (Instruction on implementing liturgical norms), Consilium of the Sacred Congregation of Rites, 26 September 1964.

*Latin-English Booklet Missal for Praying the Traditional Mass*, fourth edition. Coalition in Support of Ecclesia Dei.

*Latin-English Booklet Missal for Funeral Mass*. Coalition in Support of Ecclesia Dei.

*Manual of Episcopal Ceremonies*. Preserving Christian Publications. Rev. Fr. Aurelius Stehle, OSB.

*Mass of the Roman Rite: Its Origins and Development (Missarum Sallemnia)*. Translated by Francis A Brunner. New York: Benziger Bros 1955; reprint Westminster, Maryland: Christian Classics 1986. Joseph A Jungmann.

*Mediator Dei*, Encyclical of Pope Pius XII on Sacred Liturgy, 20 November 1947.

*Missale Romanum*, fifth typical edition (1920).

*Rites of Holy Week* (1956). Saint Anthony Guild Press, Paterson, New Jersey. Frederick R. McManus.

*Ritus Servandus* (of the 1962 *Missale Romanum*), booklet published by the Our Lady of Guadalupe Seminary (FSSP), Denton, Nebraska.

*Rubrics of the Roman Breviary and Missal* (1960). The Liturgical Press, St. John's Abbey, Collegeville, Minnesota.

*The Book of Ceremonies*, revised 1956. Bruce Publishing Company, Milwaukee. Very Rev. Msgr. Laurence J. O'Connell & Rev. Walter J. Schmitz, S.S., S.T.D.

*The Celebration of Mass: A Study of the Rubrics of the Roman Missal*, fourth edition (1964). Bruce Publishing Company, Milwaukee. Rev. J.B. O'Connell.

*The Ceremonies of the Roman Rite Described*, first edition (1917). Burns & Oats Ltd, London, England. Adrian Fortescue.

*The Ceremonies of the Roman Rite Described*, fourteenth revised edition (2003). St. Michael's Abbey Press, Farnborough. Adrian Fortescue, J.B. O'Connell, Alcuin Reid OSB.

*The Fulton J. Sheen Sunday Missal*, 1961. Hawthorn Books, Inc., New York. Rev. Fr. Fulton J. Sheen.

*The New Missal for Every Day*, 1945 edition. Benzinger Brothers, Inc. Rev. Fr. Francis X. Lasance.

*Tra le sollecitudini*, Motu Propio of Pope Pius X on Sacred Music, 22 November 1903.

www.ingramcontent.com/pod-product-compliance
Lightning Source LLC
Chambersburg PA
CBHW060536030426
42337CB00021B/4291